U0589170

张韶纪念文集

于红梅　主编

编委　闫国威　韩　璐

中央音乐学院出版社
CENTRAL CONSERVATORY OF MUSIC PRESS

·北京·

图书在版编目（CIP）数据

张韶纪念文集 / 于红梅主编. —北京：中央音乐学院出版社，
2019.10（2025.1 重印）

ISBN 978－7－5696－0011－7

Ⅰ.①张… Ⅱ.①于… Ⅲ.①张韶—纪念文集 Ⅳ.①K825.76－53

中国版本图书馆 CIP 数据核字（2019）第 128945 号

ZHANGSHAO JINIAN WENJI

张韶纪念文集

于红梅主编

出版发行：中央音乐学院出版社

经　　销：新华书店

开　　本：787mm×1092mm　16 开

印　　张：13　　字数：180 千字

印　　刷：三河市金兆印刷装订有限公司

版　　次：2019 年 10 月第 1 版　　印次：2025 年 1 月第 2 次印刷

书　　号：ISBN 978－7－5696－0011－7

定　　价：156.00 元

中央音乐学院出版社　　北京市西城区鲍家街 43 号　　邮编：100031

发行部：（010）66418248　　66415711（传真）

张韶于 1946 年考入南京国立音乐院（中央音乐学院前身），1953 年（26 岁）进入中央广播民族乐团任首席兼独奏演员（此照片拍摄于 1959 年）。

1950 年，张韶在中央音乐学院研究生部院内弹奏古筝，时年 23 岁。

1950 年，张韶与导师储师竹、学长蒋咏荷在常州举行音乐会，中间为刘天华先生弟子储师竹。

1978 年，张韶与蒋风之先生合影。

1962年，张韶在北京市复兴门广播剧场拍摄演出剧照。

70年代，张韶在乐器厂与工人师傅一起搞乐改。

1977年国庆节的广场演出，扬琴伴奏丁国舜。

1979年，张韶随中央广播民族乐团到欧洲访问演出。

1980年携香港学生余少华拜访杨荫浏先生，拍摄于杨先生寓所。

1980年，张韶携香港学生余少华拜访彭修文先生。

1980年，带领家人及学生赴香山修复刘天
华先生墓碑。

1982年北京二胡研究会在京成立（即现今二胡学会前身），张韶任会长，此为七
人领导班子成员合影。前排左起：许讲德、张韶、陈朝儒；后排左起：王宜勤、
蒋巽风、王国潼、周耀锟。

1994年张韶受台北市立国乐团邀请，担任台北市民族器乐协奏大赛评委，期间为台湾国乐团及在校学生讲课。

1984年受文化部派遣，张韶率中国音乐家代表团五人演奏家小组赴香港访问演出并讲学，期间拜访老友汤良德，在其家中共同演奏江南丝竹。

1995年受邀在台湾讲学

在中国音乐家协会二胡学会成立十六周年大会上讲话

在中国音乐家协会二胡学会成立十六周年
音乐会上演奏《空山鸟语》

79岁依旧充满活力

1959年由上海文艺出版社出版的《二胡广播讲座》

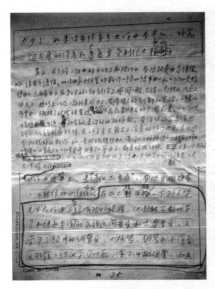

1989年由上海音乐出版社出版的《二胡广播教学讲座》手稿与图书封面

1973 年，学生王曙亮到北京探望恩师张韶。

1977 年全国文艺汇演时，张韶与学生张连生在北京西直门宾馆合影留念。

1977 年全国文艺汇演时，张韶与学生朱昌耀。

1980年，张韶与闵惠芬在香山。

1984 年，张韶与林石诚在香港访问。

1986 年 7 月，黄晨达在张韶老师家里上课。

1990 年 7 月，于红梅中学毕业典礼与张韶教授在王府音乐厅前合影。

14

1988 年张韶与女儿张苏在家中

1990 年，学生姜建华从日本回国期间到家中看望老师。

1991 年 5 月，张韶和许讲德在"上海之春"二胡比赛举办地上海音乐学院。

1992 年 6 月，张韶与王国潼在参加纪念刘天华逝世六十周年暨第二届"刘天华学术研讨会"期间留影。

1995 年 5 月，张韶与刘明源在"富利通杯"中国民族器乐独奏大赛上。

1995 年在学生张玉明家中

1996 年 9 月 30 日，中国音乐家协会二胡学会成立大会在解放军艺术学院召开，第一届学会会长张韶与副会长、秘书长、副秘书长合影留念。前排左起：王宜勤、张韶、陈朝儒、蒋巽风、安如励。后排左起：周耀锟、陈耀星、许讲德、冯蕙、杨光熊。

1996 年，学生魏晓冬在位于北京府学胡同的张韶老师家中。

1997 年 10 月，张韶和鲁日融在武汉参加"黄海怀二胡艺术研讨会"期间游览黄鹤楼。

1998年9月，庆祝二胡学会成立十六周年"全国精英荟萃音乐会"在北京金帆音乐厅举行，张韶与陈耀星在后台切磋技艺。

1998年，张韶与果俊明、关铭在沈阳。

1999 年 8 月，张韶与邓建栋、孙奉中在第一届北京地区（业余）青少年二胡比赛现场。

2001 年 4 月，二胡学会与香港龙音制作有限公司主办的"世纪回顾——二胡百年纪念音乐会"在北京儿童剧场举行，张韶与刘天华之女刘育和（生前是中央音乐学院钢琴系教师）在一起。

2002 年 10 月，庆祝中国音乐家协会二胡学会成立二十周年"全国二胡精英荟萃音乐会"在北京国图音乐厅举行，张韶与朴东生（上）、刘文金（下）在一起。

22

2007年夏，张韶与学生于红梅。

2007年9月10日教师节，在中央音乐学院音乐厅，为庆祝张韶教授80华诞举办"师恩难忘——于红梅二胡师生音乐会"。

2007 年张韶先生 80 寿辰之际，宋飞前来祝贺。

2009 年夏天，张韶与潘方圣在北京某宾馆内。

2010 年，于北京张锐先生寓所。

孜孜以求，诲人不倦

——张韶老师的艺术精神和育人品格
（代序一）

王次炤

今年是张韶教授 90 周年诞辰，中央音乐学院举办纪念活动。虽然我和张韶教授接触不多，了解的也不深，我到院里工作的时候，张老师已经退休。但张老师在二胡界的影响力众所周知，我也曾经听过张老师的演奏和他的作品，读过他的教材，从他的生平和工作经历中看到他孜孜以求的艺术精神。当然，我对张老师了解得最多的，还是从他众多的优秀弟子中所感受到的他那诲人不倦的育人品格。无论如何，张韶老师在我的眼里是一位民族音乐界的大人物。当我从为数不多的介绍张韶老师的文章中，读到张老师一生为民族音乐事业和二胡表演艺术所做出的巨大贡献时，心中不免感到惭愧和内疚。在我担任学校领导的这些年里，并没真正了解这位在我国民族音乐事业发展过程中具有举足轻重地位的前辈。张韶老师是一位值得我们音乐界大树特树的榜样，是中央音乐学院的楷模。在当前学校的发展面临着新机遇、新任务的重要时期，张韶老师的艺术精神和育人品德更值得我们后辈去发扬光大。

张韶老师孜孜以求的艺术精神，从他青少年时代就体现出来。他自幼学习二胡，还同时学习琵琶和笛子，后来考入南京国立音乐院，继续学习琵琶和二胡的同时，又学习小三弦和古筝。除了学习器乐外，他还学习昆曲。这样的学习经历不能不使我们看到，张韶老师对民族音乐有超常的热爱和无比执著的追求。我没有研究过张老师的家世和家教，但我断定张老师有一个很好的家庭教育，它奠定了这位民族音乐家的心理基础，在他的潜意识里确立了一种永不停息的学习热情，以及对事业无限渴望和执着的追求。

张韶老师1946年考入南京国立音乐院，师从杨荫浏先生和刘天华先生的弟子储师竹和蒋风之；同时也师从曹安和、曹正、高步云等诸多名师。这种多方求教、多人为师的学习方式，既是谦虚谨慎、好学深思的学习态度，也体现出宽广的音乐视野和博大的艺术胸怀。固然，这种多方求教、多人为师的教学生态在我国专业音乐教育的初创阶段习以为常，但像张韶老师那样容纳如此之多的人和物的学生的确不多见。这是一种蕴藏在内心的精神驱动，也正是这种孜孜以求的艺术精神为张韶老师后来的音乐生涯打开了一条通往成功的道路。

功夫不负有心人，1950年储师竹先生携张韶、蒋咏荷在常州举办音乐会，张韶老师竟然在同一场音乐会中独奏二胡、琵琶和古筝三种乐器，充分展现了他的音乐才华，这次音乐会也为他以后的演奏生涯奠定了坚实的基础。张韶老师曾于1953年至1975年，长达22年在中央广播民族乐团担任首席和独奏演员。大家都知道，中央广播民族乐团是我国最早的民族管弦乐团，也是彭修文等老一辈民族音乐家所奠定的民族管弦乐团基本编制的最早实验地。它是现代中国民族管弦乐的发源之地和奠基之地，在这里诞生了一大批中国民族管弦乐大师，为后来全国乃至海外的中国民族管弦乐的发展做出了不可磨灭的贡献。张韶老师作为乐团创建时的首席，并一直延续了22年为之努力。可见，他对中国民族管弦乐事业的建设和发展所做出的贡献是多么巨大！

张韶老师孜孜以求的艺术精神，还体现在他对民族器乐的创新改革上。早在20世纪40年代末，张韶就和张子锐共同研究二胡弦的改革，试图将二胡弦由丝弦改为金属弦。50年代初他与北京制琴师傅共同研制出二胡专用的金属弦，为以后二胡演奏技术的发展提供了极其重要的物质保证。1955年，张韶又与杨竞明合作将二胡的木轴改为铜轴，解决了二胡调音的微调问题；为二胡演奏的音准提供了重要的物质保证。我们今天所用的二胡形制，是在张韶老师等老一辈乐器革新者的努力下形成的。二胡琴弦的金属化和二胡调音轴实现微调，极大地提高了二胡演奏的音色、音量和音准等声音属性的表现力。可见，张韶老师对现代二胡表演艺术的发展所做出的贡献是多么巨大！

张韶老师的艺术精神不仅体现在它的开创性上，还体现在他对待工作的精益求精上。1956年，张韶老师为中央人民广播电台编写了一本《二胡广播教材》，这是我所知的中国最早的二胡教材。它不是一本普通的文字教材，用今天的话来说，它是一本通过媒体向大众传播的立体化的二胡教材。这本教材经张老师几次修改，精益求精，不断完善，成为一本受众面最大，影响力最广的音乐类教材，它和其他几本教材及练习曲的发行量竟然达到近300万册。这在我国音乐类的教材中，尤其是乐器演奏教材中是罕见的。这本教材最初是张老师根据广播电台播放的特点编写的，由中央人民广播电台公开播出；1959年又根据出版社出版的要求进行调整，由上海文艺出版社出版并发行；1964年又以大众自学二胡为出发点修改并改名为《二胡讲座》。"文革"后，张韶老师又对教材进行了修订，更名为《二胡广播教学讲座》。一本教材几经修订，不断完善、不断充实，这也是张韶老师孜孜以求之艺术精神的体现。

张韶老师从音乐学院毕业后，先后在中央戏剧学院音乐组、北京广播学院和中央音乐学院三所学校工作过。在这期间，他教授过许许多多的二胡学生，可谓桃李天下、人才辈出，用山东师范大学刘再生教授的话来说："他作为二胡教育家培养人才之多，水准之高，在二胡教育界很难有人与之媲美。"甘柏林、唐镜前、张翰书、蒋才如、刘长福、张方鸣、姜建华、魏晓冬、于红梅、黄晨达、王颖等等都出自他的门下。张韶老师之所以培养出如此之多的二胡优秀人才，这和他的学识、为人和诲人不倦的育人品格分不开的。

学生蒋才如回忆说，三年自然灾害时期，他跟随张韶老师学习二胡，有一次上课他演奏得很糟糕，张老师问他为什么总拉不好，他说肚子饿。张韶老师什么也没说就把自己的粮票塞给他。此后，很长的一段时间，蒋才如上完课回到宿舍里经常会发现自己的二胡盒里存放了粮票，有时候几两，有时候半斤，甚至一斤。在那个时期，粮票是每个人的活命之本，而张韶老师当时也是三十出头的青壮年，他从自己的口中省下粮食留给学生，假如没有一份把学生当作自己孩子的爱心是无论如何做不到的。张韶老师对每个学生都是那样充满着爱，学生魏晓冬回忆说，张老师在她的心里就是一位慈父，不仅教她艺术，还教她做人，给她无数的关爱。她觉得和张老师在一起没有任何师生长幼的隔阂，她戏称自己是张老师肚里的蛔虫，师生相处十分融洽。

音乐界一定还记得当年小泽征尔率波士顿交响乐团访华时来中央音乐学院交流，当时有一位二胡学生为他演奏《二泉映月》，这位伟大的指挥家竟然感动得热泪盈眶，情不自禁下跪聆听，他说这是来自上天的音乐。这位学生就是姜建华，她13岁从上海来到北京就随张韶老师学习二胡，一直到她毕业留校工作。但谁也想不到姜建华并不是张韶老师门下的学生，张老师却几乎每周为她上课，十年如一日！可见，张韶老师作为一名教师他的人格是多么高尚啊！

张韶老师花费心血最多、成绩最显著的学生应该是于红梅。于红梅不仅自己演奏生涯辉煌，而且教学成绩十分突出，目前还担任民乐系的系主任职务。她11岁考上中央音乐学院附中随张韶老师学习二胡，一直到大学毕业，整整十年。这十年倾注了张老师许许多多的心血，在张老师80岁生日之时，于红梅举办了"师恩难忘——献给张韶80华诞"师生音乐会，表达了对这位可敬可爱的恩师之爱戴和无限的敬意。那时，于红梅已经硕士毕业留校任教，可是于红梅的硕士导师是蓝玉崧和刘长福。音乐会上，我向张老师表示生日祝福，并问起当年于红梅推荐免试研究生时没有继续跟随他深造，是否会令他伤心，他却说："蓝玉崧先生有很深的文史功底，红梅随他学习会有更多的收获，只要学生有收获、有进步、有成绩，无论跟谁学我都会支持。"文艺界的师门往往会引起种种隔阂，甚至会阻碍文化艺术的健康发展。张韶老师的一番话使我看到了当代艺术教育打破门派、兼容并蓄的正确方向。何况，事实上于红梅在任何时候也都不会忘记张老师的恩情和教诲，这次纪念张老师诞辰90周年的活动也是她策划的。这一切也正是张韶老师的爱心和人格深深地影响着每一位学生的结果。

关于张韶老师的艺术活动和教学生涯，值得我们回忆和赞颂的故事一定很多很多，希望大家能把它写下来编成一本纪念册，也希望把张韶老师的教育思想和教学方法做一总结，编辑成册。我相信，这些都将成为中央音乐学院乃至全国艺术院校的一份精神财富，留给我们后人代代相传。

2017 年 4 月 5 日
于中央音乐学院

原文发表于《人民政协报》2017 年 5 月 8 日第 12 版

王次炤 中央音乐学院教授、原院长。

情深似海　恩重如山

——缅怀恩师张韶教授
（代序二）

于红梅

知遇良师，人生之幸。我的恩师张韶教授，是一位敬业爱生的伟大的老师，他一生兢兢业业、勤勤恳恳地工作在民乐传承和教育的岗位上，用毕生精力、极大热情和无私奉献，影响和带动了二胡事业的进步发展。他以满腔热血和爱心引导无数后人走上专业音乐的道路，他以不拘一格的教育培养方式激发学生对音乐无止境的求索和热爱，他以高尚师德和高贵品格为我们树立了为人师表、立德树人的榜样和典范。他是当之无愧的民族音乐一代宗师。

2015 年 1 月 22 日，88 岁高龄的张韶先生安详地走向了天堂。没有病痛，没有挣扎，正如他以往的慈悲、安详。"情深似海，恩重如山"是我为他献上的挽联。33 年的师生情谊，这几个字何以表达和倾诉?!

我当时正在国外不能见他最后一面，告别仪式那天我置身于太平洋海岸边，于天高海阔间寄去无尽的思念。

记得 1982 年的秋天，我的家乡济南迎来了改革开放以来规模最大、规格最高的民乐盛会——全国民族器乐观摩赛。当时年仅 10 岁，习琴才不久的我在一位好心前辈的推荐下有幸见到了张韶老师。记得那天傍晚在音乐会开始前，他站在高高的台阶上，晚霞映照出他温暖而慈祥的笑容，有着江南才子的俊秀气质，他亲切地向我问好，那和蔼可亲的样子使我至今记忆犹新，那一刻的情景也永远地铭刻在我幼小的心里。第二天，在济南同行的陪同下，他来我家做客，可能是因为他很平易近人，我在这样一位大家和贵宾面前毫不紧张拘束，拉二胡、朗诵、跳舞样样可劲儿施展，当我朗诵一篇怀念周恩来总理的文章时，张老师被感动地热泪盈眶，他说："虽然你现在二胡水平有限，但是你天真可爱、资质聪颖，有很好的表现力和感染力，这是一个演奏者难得的天赋，到北京上学吧，我教你。"老师愿意教我！那一刻，我的心激动地要跳出胸膛！到北京，到全国最高音乐学府读书，对于从未出过家门的我真是做梦都想不到的事。而转念一想，却让我们一家人既向往又忧心忡忡，一方面，家境清寒，父母担心经济上承担不起；另一方面，我是家中独女，幼小离家独自赴京求学父母实在放心不下。张老师回北京后，立即给我们寄了来信，厚厚的 17 张纸，沉甸甸的，那份挚诚感动了我们全家。张老师在信中写道："红梅是我见过的少有的好苗子，一定要来北京读书！相信她将来一定能成材，成为优秀的二胡演奏家。我会尽心培养她，像家人一样照顾她，请你们放心！"

在张老师的激励下，1984 年我考入中央音乐学院附中，自此开启了我的专业学习道路。从初一到大学本科毕业，张老师教了我十年，后来我因成绩优秀被学院保送攻读硕士研究生。张老师爱生如子，慈祥如父（其实按年龄我应该叫他爷爷）。他总是积极地鼓励学生，激发我们的学习兴趣和热情，让我们用自己的方式去理解、思考、处理作品和表达思想情感，并要我们主动地去创新，而不是被动地模仿和接受。每当我回课没有按照他教的弓指法或处理而是表达出不同的想法，拉出自己独特的处理时，他不但不指责批评反而很欣喜和兴奋，鼓励我说："非常好！一定要不断地发挥你的想象力和创造力，这是非常珍贵的，这将来可能会成为红梅的演奏版本呢。"

张老师的家乡在近现代二胡的发祥地江苏省，他讲话时带有浓郁的南方口音。他的演奏颇具江南音乐的风格特点，细腻委婉、悦耳动听、色彩丰富、真挚感人。他注重音色变化，强调清丽、圆润、虚实结合。他很重视对音乐韵味的把握，运用丰富的音色、装饰音、运弓和力度变化，来表达变幻无穷的风格韵味和情感。张老师的这些演奏特点和教学特色对于我这样一个生长、生活在北方的学生来说无疑是欠缺的，更是弥足珍贵的。通过认真而扎实地学习，我掌握了江南音乐风格的演奏技法和韵味，熟悉了解了江南的语言、人文历史和风土人情。在日后的艺术生涯中，这些所学都根深蒂固地扎根我的心里，它们和我与生俱来的北方人的秉性相融合，逐步形成了南北交融、刚柔相济，既细腻入微又恢宏大气的演奏风格。

在提高演奏技术方面，20 世纪 80 年代新作品和新技法不断涌现，张韶老师虽已近花甲之年，不熟悉这些新作品中的技法，但他一点也不保守，而是给予我自己去探索和尝试的空间，鼓励我大胆创新、创造。记得在 1993 年我读大学二年级的时候，民乐系拉弦学科组织举办了一场优秀学生音乐会，时任拉弦学科主任的李恒老师建议我将小提琴独奏曲《卡门主题幻想曲》移植到二胡上。我到学校图书馆借来小提琴独奏谱，在张老师的鼓励下苦练了两个多月，又请教林耀基老师随他上了两次课，最终成功地带着《卡门主题幻想曲》登上北京音乐厅的舞台，那次也是这首高难度技巧的移植作品在北京舞台上的第一次公演，当时引起了业界强烈的反响和震动。演奏移植作品虽不是二胡演奏的发展方向，但我们借助它来提高二胡的技术能力，展现二胡演奏技术和表现力的巨大潜力，从而创造出更加广阔的发展空间。

张老师待人温和宽厚，尤其对学生非常关心爱护。他很少批评学生，总是循循善诱，谆谆教导。我们都觉得他特别亲切，在私下里淘气地称他"小老张"。每到考试，他买来道口烧鸡、庆丰包子、巧克力威化饼干等为我们增加营养、补充体能。很多个周末和节假日，我们都是在老师家里度过，练琴、上课、一起吃饭、聊天谈心。张老师总说："有老师的地方就有你们的家。"我们也开心地说："将来我们有了自己的家的时候，我们的家就是老师的家。"张老师不只是把自己的学生当家人，应该说他把全天下的二胡人都当作家人。他曾任北京二胡学会、中国二胡学会会长20年之久，在大家眼里他更像是二胡人的大家长，在他家里经常会有来自全国五湖四海乃至港澳台的同仁、求学者，门庭若市，来访者络绎不绝。对有的家庭经济条件困难的学生，张老师会让他们在家里住下，走时还帮助他们买好车票送上火车。他对二胡同仁、学子的爱是无私、宽厚和伟大的爱。

2007年是张老师80华诞，9月10日教师节那天，我带领所有在校学生为敬爱的恩师献上一份礼物——在中央音乐学院音乐厅举办了一场名为"师恩难忘"的师生音乐会，以我们音乐人独特的方式为张老师庆生，表达我们的感恩之情。那天，张老师的家人、亲朋好友、学院领导和师生、业界专家同仁，以及来自全国各地众多景仰老师和热爱二胡的朋友欢聚一堂。他非常开心，音乐会后激动地说："这是我一生中最高兴、最开心的一天！尤其是红梅的学生们的演奏让我惊喜地看到二胡的未来和美好前景不可估量！"我们很多学生，无论年纪大小，把他老人家围在中间，大声地说："张老师，学生感谢您！我们爱您！永远爱您！"

张老师以一颗赤诚的心，几十年来全身心投入地演奏、研究、教育培养后代，把他的一生毫无保留地奉献给了二胡事业，为当代二胡的发展做出了巨大贡献。

　　对于我来说，张韶老师改变了我的人生命运，用他温厚的大手引领着我走上了传承发展中国音乐和文化的光明大道。没有他就没有今天的我，他永远是学生内心深处最纯洁的爱戴和最厚重的恩情。

　　惠泽音苑，功在千秋。

　　吾师安息！吾师千古！

2015 年 2 月

于红梅　中央音乐学院教授、副院长，中国音乐家协会二胡学会副会长，中国民族管弦乐学会胡琴专业委员会副会长。

目　录

1　孜孜以求，诲人不倦

　　——张韶老师的艺术精神和育人品格（代序一）　/　王次炤

7　情深似海　恩重如山

　　——缅怀恩师张韶教授（代序二）　/　于红梅

1　张韶教授生平

4　中国二胡学派转型期的代表人物

　　——纪念张韶教授90周年诞辰的时代意义　/　刘再生

13　纪念张韶先生90周年诞辰　/　许讲德

17　难忘恩师张韶先生对我的教诲　/　王曙亮

20　论张韶在我国二胡艺术史上的地位　/　潘方圣

28　良师已去　德艺长存

　　——追忆敬爱的张韶老师　/　余其伟

31　张韶老师与我的艺术生涯　/　张玉明

39　从《二胡广播讲座》说起

　　——谈张韶先生对中国二胡艺术发展的重要贡献　/　朱昌耀

49　怀念敬爱的张老师　/　张连生

52 二胡界的楷模　真正的艺术大师

　　——记张韶先生 / 郝殿斌

55 怀念父亲张韶 / 张 苏

70 我与张韶老师 / 姜建华

74 永在学习路上的学者

　　——忆张韶先生二三事 / 邓建栋

79 感谢今生遇见您

　　——怀念恩师张韶 / 魏晓东

86 忆张韶先生二三事 / 宋 飞

89 浅谈二胡艺术家张韶的历史贡献 / 李祖胜

94 恩师仙逝情常在　桃李芬芳香满园 / 黄晨达

97 张韶先生教学特点择要集述 / 张 明

105 张韶二胡演奏艺术论 / 朱春光　朱泓光　朱万斌

152 附录一　阿炳和他的《二泉映月》 / 张 韶

156 附录二　论二胡艺术的发展与民族音乐传统 / 李明正　张 韶

张韶教授生平

张韶 1927 年 4 月 25 日出生于江苏省武进县，1946 年考入南京国立音乐院（中央音乐学院前身），是当年唯一被录取的二胡学生，导师杨荫浏先生，并师从刘天华先生弟子储师竹和蒋风之学习二胡演奏，同时向曹安和先生学习琵琶，向曹正先生学习古筝，向高步云先生学习昆曲和三弦。1950 年，储师竹教授携学生张韶、蒋咏荷在常州举办音乐会，张韶以二胡、琵琶、古筝三种乐器的独奏展现了他的音乐才华。

张韶 1951 年从中央音乐学院毕业，1952 年在中央戏剧学院音乐组工作一年，1953 年至 1975 年任中央广播民族乐团首席和独奏演员，1975 年任北京广播学院音乐系二胡教研室主任，1981 年调入中央音乐学院任教师，1992 年退休。

1957 年，张韶赴莫斯科参加第六届世界青年联欢节获金质奖章；1959 年受文化部派遣赴维也纳参加第七届世界青年联欢节；1979 年出访德国、意大利等五国；1984 年赴香港演出、讲学及录制唱片；1994 年赴台湾，任台北市二胡协奏大赛评委，并在台北市立国乐团、文化大学、台湾交响乐团及台中市进行讲学和演出；1997 年和 1998 年分别出访马来西亚和新加坡。

张韶在总结民族民间音乐的基础上，广泛吸收南、北各种风格流派，首创了系统化、科学化的二胡技法理论，对弓弦乐器的发展和教学产生了深远的影响。1956 年，张韶应邀在中央人民广播电台举办二胡广播教学讲座，根据这个讲座又编著了《二胡广播讲座》一书。该书 1959 年出版后受到热烈欢迎，成为海内外民族音乐教材的典范和重要参考书。在这本著作里，张韶率先总结了刘天华二胡学派的技法理论体系，完善和发展了刘天华二胡学派，并使之科学化、系统化、理论化，成为二胡发展史上一个重要的里程碑，具有划时代意义。此后又相继出版了《二胡讲座》《二胡演奏法》《盲文二胡讲座与练习》《二胡知识与欣赏》《二胡练习曲选》和《二胡练习曲选续集》（与人合作）、《二胡广播教学讲座》等十余本著作，共计 200 多万字，发行 300 多万册，对海内外二胡艺术的发展起到了极大的推动作用。《二胡广播讲座》《二胡讲座》和《二胡广播教学讲座》这三本著作，是张韶穷尽一生的学术研究成果，也是他为中国二胡事业做出的最为重要的贡献。

除著书立说外，张韶还在各种专业刊物上发表了大量的评论及文章：《评第四届"上海之春"二胡比赛的艺术成就》（《人民音乐》1963 年第 8 期）；《谈谈二胡的练习方法》（《人民音乐》1983 年第 6 期）；《阿炳和他的〈二泉映月〉》（刊于《论阿炳》文集）；《民族音乐园地的辛勤耕耘者——储师竹》（载《中国二胡名曲荟萃》，上海音乐出版社 1997 年）；《论中国民族弓弦乐器》《如何练习二胡快弓》《如何解决同指位五度音不准》《二胡练习十则》（以上四篇刊登在《二胡研究》第 1、2、3 期）；《论蒋派二胡艺术的形成》（与朱万斌合作，1999 年 12 月《二胡研究》复刊第 1 期）；《二胡广播讲座》（在《北京音乐报》连载共 6 期）。

在张韶 70 年的艺术生涯中，曾创作有《花鼓调》《大河涨水》《喜丰收》《感怀》《秧歌变奏曲》《欢乐的草原》等二胡独奏曲及 60

多首二胡练习曲。中央人民广播电台录制有 20 余首他演奏的二胡独奏曲，其中几首还被灌制成黑胶唱片。他曾担任过十几届全国二胡比赛评委，与同仁创建了二胡研究会（二胡学会前身）并举办了第一届全国二胡大赛，使众多二胡新人脱颖而出，开创了二胡发展的新局面。

多年来，张韶一直致力于二胡的改革，从 1950 年至 1993 年，他先后多次与乐器厂专业制弦师及同仁合作，陆续研制开发了二胡钢丝弦、铬弦、铝弦、二泉弦、汉宫弦、外缠弦、二胡机械铜轴、微调固定千斤等，这些改革成果在很大程度上提高了二胡的表现力，扩大了二胡的演奏范围，丰富了二胡的音色，使这件乐器从整体上更加科学和完善。

张韶的教学生涯始于 20 世纪 50 年代，1955 年他就在盲人学校音乐班任教，1959 年开始在中央音乐学院兼课，1975 年在北京广播学院音乐系任教，1981 年到中央音乐学院任教。张韶一生中培养了大批学生，时间跨越半个多世纪，从 50 年代的甘柏林、唐镜前、张翰书，到 60 年代的蒋才如、刘长福、王曙亮、张强、孙奉中，到 70 年代的张连生、姜建华、张玉明、张方鸣，再到 80 年代的于红梅、魏晓冬、黄晨达、王颖、张学琴等等，可谓桃李满天下，绿树已成林。受其著作和广播讲座的影响而走上音乐道路的学生更是不计其数，难以统计。

张韶教授上承刘天华先生及其第一代传人的二胡艺术传统，下开一大批青年二胡演奏家之端绪。在总结传统二胡学派的基础上，广泛吸收，博采众长，集各二胡风格流派之大成，创立了二胡技法理论体系，把二胡的演奏、教学进一步推向专业化、规范化的发展阶段。他集二胡演奏、教学、著书、革新于一身，成为 20 世纪二胡艺术发展史上影响深远的杰出艺术家。

中央音乐学院

2015 年 1 月

中国二胡学派转型期的代表人物

——纪念张韶教授 90 周年诞辰的时代意义

◎ 刘再生

刘天华（1895～1932）以"十大二胡名曲"和成立"国乐改进社"（1927）以及将二胡、琵琶等民族乐器在北京三所高校（北京大学音乐传习所、国立女子大学音乐科和国立北京艺专音乐系）开设专业课程而成为中国二胡学派的开拓者与奠基人。他曾提出一个著名论断："胡琴当然不能算作一件最完美的乐器，但也不如一般鄙视它的人想象之甚。……我希望提倡音乐的先生们，不要尽唱高调，要顾及一般的民众，否则以音乐为贵族们的玩具，岂是艺术家的初愿。"[①] 1949 年后，二胡音乐创作时代风貌、乐器改革、演奏技法、社会普及教育在 50 年代形成一个欣欣向荣的局面，迎来了二胡艺术史上一次重要转型。张韶先生的一生是遵照"要顾及一般的民众"这一音乐思想并身体力行的一位代表性人物，是对我国二胡音乐事业的普及与发展做出卓越贡献的二胡名家。

张韶（1927 - 4 - 25～2015 - 1 - 22），江苏武进县人。自幼学

---

① 刘天华：《〈月夜〉及〈除夜小唱〉说明》，载刘育和编《刘天华全集》，北京：人民音乐出版社 1997 年版，第 183 页。

习二胡、笛子、琵琶等乐器。1946年考入南京国立音乐院国乐组向高步云学习小三弦和昆曲，次年随曹安和、曹正学习琵琶、古筝。1950年该院迁至天津，更名中央音乐学院。他随储师竹学习二胡，1951年毕业，后又向蒋风之学习两年二胡。1950年3月4日，曾随储师竹在家乡常州开音乐会，担任二胡、琵琶、古筝三种乐器的独奏，崭露头角。1953年至1975年，在中央广播民族乐团担任乐团首席和独奏演员。1975年到北京广播学院任教，1981年后在中央音乐学院任副教授、教授。1957年和1959年曾参加莫斯科和维也纳第六届、第七届世界青年联欢节，在莫斯科室内乐比赛中获金质奖章。1979年出访西德、意大利等五国。1984年赴香港参加演出和录制唱片。1997年和1998年出访马来西亚和新加坡。1994年赴台北市担任二胡协奏曲大赛评委，在台北市立国乐团、文化大学、台湾交响乐团讲学与演出。曾任北京二胡研究会会长、中国音乐家协会二胡学会会长、名誉会长。创作二胡独奏曲《花鼓调》《欢乐的草原》《喜丰收》《大河涨水》等以及二胡练习曲60余首。[1] 2015年1月病逝于北京，享年88岁。

张韶先生对中国二胡音乐事业的发展做出的主要成就与贡献体现在以下方面：

其一，乐器改革是提高器乐艺术表现力的根基。"工欲善其事，必先利其器"（《论语·卫灵公》），二胡由丝线（子弦、中弦、老弦）改为金属弦是二胡乐器改革的重大突破。"1948年至1949年期间，与张子锐共同研究，将二胡丝弦改为金属弦，开始用小提琴和扬琴弦，至50年代初又与北京制弦师多次研究，研制出二胡专用金

---

① 中国民族管弦乐学会编：《华乐大典·二胡卷》（文论篇），上海音乐出版社2010年版，第433—434页。

属弦，外弦用 25 忽米（即 0.25 毫米），内弦用 40 忽米金属缠弦。1955 年，与杨竟明合作将木轴改为铜轴（涡轮式），解决了合奏中木轴调弦难及二胡微调问题。"① 这一改革，实现了二胡由传统乐器向现代乐器的转型，无论在音色明暗程度（丝线音色细腻淡，金属弦音色刚健明亮），触弦感觉（丝弦触弦反应稍迟缓，金属弦触弦更灵敏），音准调弦以及到五、六把位依然保持统一的音色等等，均为二胡演奏现代乐曲开辟了一条崭新途径。刘天华早就说过："我们想组织乐器厂，改革乐器的制造。"② 因此，这是张韶在 50 年代进行乐器改革实现刘天华梦寐以求的理想的体现，他在传统乐器二胡向现代乐器转型的过程中发挥了十分重要的作用。

其二，在 20 世纪 50 年代传播媒体仅限于收音机（甚至矿石收音机）的时代条件下，1956 年，张韶应中央人民广播电台的邀请举办二胡广播讲座，1959 年由上海文艺出版社出版，1964 年更名为《二胡讲座》再版，1989 年进行修订并增加了许多新的曲目内容，改名为《二胡广播教学讲座》。这是 1949 年以来普及二胡演奏技法和培养二胡演奏家与爱好者影响最大的著作及讲座，收听率盛况空前。该书由表及里，由浅入深，讲座生动，通俗易懂，吸收当时二胡演奏最新技法和曲目，是二胡发展史上第一本内容最为详尽的专著。③

---

① 中国民族管弦乐学会编：《华乐大典·二胡卷》（文论篇），上海音乐出版社 2010 年版，第 434 页。

② 刘天华：《国乐改进社缘起》，北京：人民音乐出版社 1997 年版，载刘育和编《刘天华全集》，第 186 页。

③ 张韶编著《二胡广播教学讲座》由十二章文字部分（如"二胡和丰富多彩的民族弓弦乐器""刘天华先生和二胡学派的创立与发展""建国后二胡艺术的飞速发展"以及二胡的构造、演奏姿势、按弦、弓法、指法等技术内容）和"练习曲与乐曲"（内含练习曲 201 首、独奏曲 12 首、重奏曲 9 首）两大部分组成。李凌在"序言"中评价："在全国二胡界影响颇大，对二胡的普及、演奏和教学起到了相当大的推动作用。他的著作在国外也享有声誉。"

任何器乐艺术的发展，必须有听众基础的广度与厚度作为音乐传播的社会力度。中国二胡演奏艺术发展到目前之形式多元、风格各异、技法艰深、精彩纷呈境界，是和老一辈二胡艺术家、教育家付出的心血难以分割的。二胡音乐之所以能够成为民族乐器中发展最为迅猛的乐种，刘天华和华彦钧的传统名曲和现代作曲家创作的大批优秀二胡作品始终是第一位因素。但是张韶在50年代举办二胡广播讲座是二胡音乐一次重大的启蒙活动，对于培养广大二胡受众群体以及二胡音乐的大普及、大提高，在现代音乐史上是极为罕见的一次，为二胡艺术的现代化发展奠定了基础，对于建造犹如"东方明珠塔"式的中国独特弓弦乐器的宏伟听觉艺术建筑，产生了深远的历史影响。

其三，张韶是20世纪50年代较为突出的二胡演奏家。他演奏的《拉骆驼》（曾寻编曲）是当年风行一时的二胡名作，犹如一队队骆驼在辽阔草原上行进的音画，富于歌唱性的音调和对比性的色彩反映了草原牧民新的时代生活面貌，纯四度的连续进行和大三度的颤音吸收了马头琴的风格特色，具有很强的艺术感染力，成为张韶二胡演奏的一个时代性符号。同时，他在长期教学中培养了一大批优秀学生，如甘柏林、唐镜前、张翰书、蒋才如、刘长福、张强、孙奉中、张连生、赵冬临、张方鸣、于红梅、黄晨达、王颖（参见《华乐大典·二胡卷》），在中央音乐学院培养的学生还有姜建华、魏晓冬、黄家骏等，社会教学培养的学生有王曙亮（河北艺术学院教授）、辛小红、辛小玲（香港中乐团二胡和高胡首席）、张玉明（东方歌舞团二胡首席），北京广播学院艺术系学生有王继华、赵宗纯、周乃笑、王洪亮、丁宏根等，在盲人艺术学校还培养了8位学生。①

---

① 张韶长期教学培养的学生，除引用《华乐大典·二胡卷》记述外，其余由他女儿张苏提供。——引者注

张韶将二胡事业视为生命，对年轻一代人才关怀备至，竭尽全力帮助，这样的人文精神极为难能可贵。他作为二胡界伯乐发现与培养不少学生，这些学生目前多为知名二胡演奏人才，其中不乏全国顶尖级的二胡演奏家。因此，他作为二胡教育家培养人才之多，在二胡教育界享有广泛的声誉。

刘天华是中国二胡学派创始人，储师竹、陈振铎、蒋风之、吴伯超和胞弟刘北茂为第二代传人，张韶则是集二胡乐器改革、理论著述、演奏、教育、社会活动于一身的中国二胡学派第三代传人。音乐评论往往易于因现代人物的贡献而遮掩了历史人物的光芒，因此，从史学角度而言，我们需要对张韶在二胡艺术领域所具有的历史地位重新进行评价，还原他对中国二胡学派做出承前启后、推动二胡艺术在50年代转型阶段所具有的全方位贡献的本来面目，进一步发扬他数十年如一日，任劳任怨、勤勤恳恳地献身于二胡事业的精神。笔者认为，张韶一生所创造的重要业绩正是当代民乐界须要学习与发扬的精神和动力。

我和张韶老师相识于1976年。他从北京广播学院来济南招生，我自歌舞团调至博物馆由专业二胡演奏成为业余二胡爱好者，依然不忘初心。他是二胡界素负盛名的老一辈音乐家，我们又是武进县同乡，他家在鸣凰水渠村，我家在雪堰桥周渡桥村，相距五六十里路。因此，一聊起来就感到十分投缘。从此，我们开始了40年或多或少的联系。笔者想以亲身的感受来验证对他的历史评价，将评论建立在客观、实事求是的基础之上。回忆起来，一幕幕活生生事例仿佛就在眼前。他不世故，不势利，待人热情，主动写信给闵惠芬、周耀锟，我去上海时到闵惠芬家里听她拉琴，到北京时去中央民族乐团和周耀锟见面，在二胡界结识了新的好友。此后，每去北京常到史家胡同20号张韶老师家中。记得有一次他带我到对面不远的刘天华女儿刘育和家里听二胡唱片，她家有一个落地式唱机，音响效果很好，刘育和不在家，就把家中钥匙放心地留给张韶一把，便于他随时可以去听音乐。我有一次去京，正好闵惠芬、刘长福也去看他，中午留我们在他家吃饭，他对待二胡界后辈就像对自己家人一样，闵惠芬亲切地叫花芳老师"花妈妈"。1982年全国民族器乐汇演（北方片）在济南历山剧院举办，青年选手比赛充满朝气，老一辈音乐家或担任评委，或参加观摩，气氛十分活跃，洋溢着社会改革开放初期人心思安、故友重逢来之不易的珍惜感。张韶告诉我他晚上睡眠不好，希望找一个比较清静的地方，恰好我朋友在历山剧院附近有间空房，便借用请他住了几天。报到那天我在山东师范大学家中为张韶老师接风，他邀请挚友西安音乐学院笛子教授蒋咏荷作陪，正在喝酒聊天时，闵惠芬父亲闵季骞（他们同为储师竹先生高足）报到时就打听张韶，听说在我家就急忙赶了过来，三位老友重逢于济南，兴奋之情溢于言表，深深地感染了我。1987年10月，"中国音乐史教学与学术研讨会"在江苏江阴举办，其间，代表们参观了刘天华故居，会议组织一场"纪念刘天华音乐会"，由张韶演奏孙文明的《流波曲》，王国潼演奏《病中吟》和《烛影摇红》（黄河扬琴伴奏），刘德海琵琶独奏《虚籁》，中央音乐学院刘育熙教授（刘北茂之子）演奏小提琴曲《新春乐》和《光明行》。这是我唯一一次观看张韶登台演出，民间音乐韵味和朴实的台风给我留下了深刻印象。此后，由于中国音乐史教学与研究工作日益繁忙，我们之间来往日趋渐少，或偶尔通个电话问候。听说他晚年生活不如意，儿子有病，一家人挤在狭窄的两室一厅，他和花芳老师住在最小的书房里面。2009年花芳老师病逝后，他曾对我说，他是从来没有脾气的人，有次偶尔为一点小事对花芳发了脾气，却使老伴心梗走了，为此悔恨不已。2007年9月，我去新加坡讲学返京，得知中央音乐学院将在教师节举办"师恩难忘——献给张韶80华诞"于红梅师生音乐会,我便在京多留一天,音乐会上看到张韶捧着鲜花激动讲话的情景,满脸洋溢着幸福笑容。对他酸甜苦辣的民乐人生真有一种说不出、道不尽的感叹。学生有成就他就心满意足,他就是这样一位心地善良的人。

我印象中有三件事非常典型的折射了张韶热情待人、乐于助人的性格。

1972年9月,他在担任中央广播民族乐团的首席和独奏演员期间,曾三天两头地找王国潼商议修订他的二胡著作,并采用国潼的《翻身歌》和一些练习曲。同时,还问国潼是否愿意到中央广播民族乐团工作。国潼当时还在文化部"农场",爱人李远榕在石家庄工作,正在北京坐月子。为了解决夫妻团聚问题,国潼正设法调到石家庄去,已经和省委书记秘书取得联系,河北省表示竭力欢迎。所以他说,不论到哪里必须一起解决李远榕的工作问题。

当年的11月国潼被调到了中央广播民族乐团,远榕稍晚一点,大概是在1973年。这件事情是王国潼艺术生涯中的一个重要转折,彭修文起到了引进人才拍板的决定性作用。张韶在其间穿针引线,促成问题得以圆满解决,反映了他胸襟坦荡、爱惜人才的高尚品格。急流勇退,推荐新锐,把自己担任乐团首席和独奏演员交给他人去做,不是所有艺术家都能做到的。我早耳闻此事,为了事实的准确性通过微信和国潼联系,他详细地给我讲述了整个事情来龙去脉的细节经过。①

1982年在济南参加北方片汇演期间,有人向张韶老师推荐了于

---

① 王国潼给刘再生的微信语音,2017年3月19日21:20分起,时间长度9分24秒。

红梅。当时红梅才 10 岁，二胡演奏很有音乐灵气和发展潜力。张韶听了于红梅演奏后极为兴奋，觉得是非常难得的好苗子，并当即表示希望她考中央音乐学院附中，他愿意教她二胡。这一表态决定了于红梅一生的道路和命运。他认识红梅比我要早一年，我是 1983 年红梅随前卫文工团二胡演奏家苏安国学习二胡后在"泉城之秋"音乐会上演奏《一枝花》才在《人民音乐》上写报道表彰她的。一个音乐尖子人才的发现与培养，名师的判断与肯定是极为重要关键。于红梅在 1984 年考入中央音乐学院附中直至 1990 年升入本科，十年间始终得到张韶老师的精心培育和悉心关怀。1994 年以优异成绩本科毕业保送为本院硕士研究生，师从蓝玉崧、刘长福。于红梅成长为我国顶尖级二胡演奏家，在国际乐坛上产生重要影响，与张韶付出的巨大心血是始终联系在一起的，张韶对朋友、学生之好，有一种掏出心来的真诚，这是音乐教育家最为宝贵的人格魅力。师生之间长期的相互关怀，包括十年间于红梅两次为张韶老师举办庆贺 80 华诞和纪念 90 周年诞辰活动，是二胡界乃至全国音乐界尊师重道的楷模。

还有一件令人感动的事是自附小、附中直到本科、研究生一直师从于红梅学习的闫国威（现留中央音乐学院任教）告诉我的。2008 年 8 月，她还在读高三准备高考的时候，要赴台湾参加台北市民族乐器大赛的二胡比赛。张韶老师听说后就立即给她打电话，鼓励她迎接挑战，做好充分准备，尤其提示她带一把音色特别好的二胡参加比赛。闫国威告诉张爷爷说她家庭经济条件并不好，唯一一把二胡音色也比较一般。张韶马上说，那你把我最好的那把二胡带到台湾去参赛吧，那是我视为生命一样宝贵的乐器。她正在感激涕零，没想到张爷爷又来电话了，他说："国威，我到你楼下了，你家五层楼没有电梯，我爬不上去啊！""我立刻奔着下楼，看到电动三轮车上流着满头大汗的张爷爷亲自送琴来了，连口水都没有喝，嘱咐我赶紧练琴，交给我琴就转身骑车远去了。"这是闫国威终生难忘的事情。那年张韶已是 81 岁高龄，早已退休，完全可以在家静养，却冒着酷暑给学生的学生送去自己最心爱的二胡，牵挂着闫国威去台湾比赛。国威也很争气，初出茅庐就斩获第三名以及二胡协奏曲最优秀奖，首演钟耀光二胡协奏曲《快雪时晴》。2011 年在台北市参加民族器乐大赛的二胡比赛中演奏王乙聿的《蓝色星球——地球》获得第一名。2013 年荣获中国音乐第九届金钟奖二胡比赛金奖。张韶和于红梅两代名师的指导与关怀成为闫国威迅速进步与提高的前进动力。

刘天华创立的中国二胡学派将民族乐器引进高校有没有一种教育精神内核呢？思索良久，从刘天华学生金式斌写的《一个愉快的晚上》① 和他女儿刘育和写的《刘天华先生及对民族音乐的改革》② 两篇文章，以及第三代传人张韶一生的业绩中，我仿佛领悟到，"以事业为生命"和"以学生为生命"是两个圆形似的中心，当这两个圆形叠合于一起时，就成为中国二胡学派教育精神的灵魂。今天纪念张韶先生 90 周年诞辰，学习与发扬他一生孜孜以求的教育精神和人文精神，乃是时代意义之所在。

原文发表于《人民音乐》2017 年第 7 期

刘再生　山东师范大学音乐学院教授，曾任中国音乐史学会副会长。出版专著《中国古代音乐史简述》《中国近现代音乐史简述》等。

---

① 金式斌：《一个愉快的晚上——记刘天华先生二胡独奏谱〈除夜小唱〉的产生》，载刘育和编《刘天华全集》，北京：人民音乐出版社 1997 年版，第 213—214 页。

② 刘育和：《刘天华先生及对民族音乐的改革》，收入刘育和编《刘天华全集》，北京：人民音乐出版社 1997 年版，第 215—235 页。

纪念张韶先生 90 周年诞辰

◎ 许讲德

    张韶先生离开我们已经两年了，在他 90 周年诞辰的今天，我们来纪念他，缅怀他为二胡事业奋斗的一生，是一件非常有意义的事情。

    张韶先生为了二胡艺术的传承和发展，执著地奋斗一生，做出了突出的贡献，无愧为 20 世纪二胡发展史上最具影响力的艺术家之一。作为刘天华先生的再传弟子，张韶先生秉承刘天华创建的现代二胡学派，无论在演奏、教学、理论研究、曲目创作、乐器改革，以及组织学术交流、二胡比赛等社会活动各个方面，都为推动二胡事业的发展产生了深远的影响，也为我们树立了光辉的榜样，是我们崇敬、学习的典范。

    他的《二胡广播讲座》等著作，总结完善了二胡技法理论，在二胡艺术发展史上，第一次有了系统化、科学化的理论教科书，这本著作打破了当时口传心授的教学状况，使二胡的教学走上了专业化、规范化的道路，对二胡艺术的提高和普及都起到了前所未有的、深远的影响，极大地推动了二胡事业的发展。

    在教学方面，他一心从二胡事业的发展出发，打破门户之见，主张博采众长、兼收并蓄，为此，他广泛地研究不同风格特点的演奏，并积累了大量的音响资料。记得在60年代，我演奏了二胡曲《子弟兵和老百姓》之后，张老师多次称赞，并和我一起研究探讨二胡的音色问题，还送给我许多他收集的二胡曲的音响资料。我这个初出茅庐、刚刚步入二胡领域的文艺小兵能得到他如此的鼓励，深受感动，从此我便成了张韶老师家的常客。

回忆我的成长历程，我当年虽然没有机会进入专业院校学习和深造，但我是非常幸运的：一是我生活和工作的战友歌舞团有一个很强的创作班子，为我写了那么多的二胡曲，同时在为兵服务、为指战员演奏中得到了那么多的艺术实践的锻炼；二是我有幸结识了张韶老师，我所演奏的每一首二胡曲目以及京剧唱腔音乐，都曾得到过张韶老师的指导和鼓励。1993年，为纪念阿炳100周年诞辰，是张韶老师提出让我在纪念音乐会上演奏阿炳传世的三首二胡曲中的《寒春风曲》，并且帮助我对该曲进行了适当的删减和整理，使这首常年很少有人演奏的乐曲又重新出现在了音乐舞台上，并受到人们对这首乐曲的喜爱和关注。从这些事例中可以看出，张韶老师对人是多么的热情关爱、平易近人，对事业重视传统，务实钻研的敬业精神。张韶老师一生为了二胡事业的发展，发现培养了大批的专业人才，直接或间接受教于他的业余二胡爱好者更是不计其数。张韶老师真可称是二胡界的大伯乐。张韶先生的另一大功绩是，在他的倡导下，于1982年成立了北京二胡研究会，后来发展成为全国性的组织——中国音乐家协会二胡学会。学会吸收、团结了全国二胡界的专业演奏家和大批的业余二胡爱好者，成为中国民乐界第一个专业性民族器乐学会，张韶先生担任会长工作长达20年，在他的带领下，把大家团结在一起，消除门户之见，开展了许多颇有成果的活动，如1985年举办的首届全国二胡比赛，比较好的做到了组织工

14

作严肃规范，选手参与面广泛，评判公正严明，成绩突出明显。实践证明，当年评选出来的获奖选手，现在都已成为当今二胡艺术的优秀人才，成了各文艺单位的骨干力量。

张韶先生极为重视群众性的民族音乐开展，1993年，我当时在中国举办的小提琴、钢琴业余考级活动的启发下，找到张韶老师，向他提出，为了弘扬传统的民族音乐，将二胡考级活动也开展起来，他当即高兴地表示同意，并找来赵寒阳老师，我们在一起研究、编选考级教材。当时张韶老师已年近七旬，他每天骑着电动车从东到西（从灯市口史家胡同到阜成门外八里庄），从早到晚为编著考级的事情辛劳地奔波着，每天晚上看到他累了一天，骑着车离开的时候，真为这位可敬的老人而感动，他的献身精神和忘我的工作作风，真是我终生学习的典范。作为二胡学会的一项工作，张韶先生任二胡考级专家委员会主任，每次考级他都不顾年老体弱，担任监考老师，奔走于各个考场督查指导。开展考级这么多年，既普及了群众性的音乐教育（特别是青少年），也发现了不少音乐人才，将他们输送到院校深造，成为二胡事业的接班人。

二胡学会这一专业性的群众组织，在张韶老师的带领下，已经在各方面打下了较好的基础，为二胡学会做出了很大贡献，也为二胡学会的发展做出了榜样。

在当今社会上存在着一股浮躁风气，浮夸之风盛行，什么"大师""奇人""宗师"之类的浮名在到处散播着，在这个自我标榜的时代，个人稍有成就，就要沽名钓誉，自我炒作一番，自立门户。张韶老师一生为二胡事业做了那么多突出的务实的贡献，从不受这种风气的影响，一直坚持做事执著，真诚奉献，做人低调，不计名利，是一位高尚的、超凡脱俗的真正的艺术家。正如他晚年所说的那样，"干我们这行，要活到老学到老，为发展二胡事业工作到老"，他一生的全部精力都用于传承、发展二胡事业之中，一生都在以刘天华先生的再传弟子的身份，为完成历史赋予他的承上启下的重任，"团结同仁，发扬国乐"而埋头苦干。在生活上，他也是从不计较个人得失，过着俭朴的生活。

我认为，真正的强者是谦卑的，真正的智者是低调的。

张韶老师正是一位事业上的强者，生活的智者。

原文发表于《中国二胡》第 54 期，2017 年 5 月 15 日

许讲德　原北京战友文工团国家一级演奏员，中国音乐家协会二胡学会顾问。享受首批国务院政府特殊津贴。

难忘恩师张韶先生对我的教诲

◎ 王曙亮

　　惊悉著名二胡演奏家、音乐教育家张韶恩师逝世的噩耗，如晴天霹雳，令我悲痛万分！张韶老师是我一生最崇拜、最难忘的恩人，是他老人家毫无保留地将二胡技艺授予我，并给予我他慈父般的关爱，使我在二胡专业成才，并取得了不菲业绩。我从一个普通的农村穷孩子，成为一名教授、成为一名省劳动模范，无不浸透着张老师的心血和汗水。

　　早在 1960 年我在河北省艺术学校（今河北艺术学院）二胡专业读二年级时，经通信联系，有幸结识了中央广播民族乐团首席、著名二胡演奏家张韶先生，开启了我艺术人生的新起点。那年放了暑假，我便迫不及待地赶赴北京，投奔张老师。万没想到，老师一见我就喜欢上了我。当他听完我的演奏后，欣然答应收我为徒且免费授课，并约定白天到乐团上课，晚上到老师家上课，住宿定在我叔叔家。那时我的二胡专业刚入门，不仅程度很浅而且存在许多问题。于是老师先着手教我一些练习曲及小型乐曲，上一次课就是几个小时。张老师说话和蔼，批评之婉转、授课之耐心、方法之科学，使我受益匪浅。有时学到中午，他还留我用餐。当时国家处于三年困

17

难时期，实行粮食定量，老师家的生活并不宽裕，我怎忍心在老师家用餐？尽管我再三推辞，老师仍要坚持留我用餐，慈父般的关爱，令我终生难忘。

再说我叔叔家，由于他孩子多，生活极为贫困，为减轻其负担，我决定在外面买着吃。由于我父母在农村，日子过得同样艰苦。为省几个钱，我每日从东四到复兴门步行去上课，而且一天吃饭不能超过一角钱，只能买两个馒头维持生计。就这样，我每日勒紧裤腰带抓紧时间练习老师留的作业。在那些日子里，如果不是老师对我从思想上、业务上、生活上的提携关爱，苦口婆心的教育，无论如何我也难以坚持下来。

有一天晚上，老师让我到他家里上课，教的是《空山鸟语》，这是老师给我上的最长的一次课，从晚上8点上到深夜1点半。夜深人静，虽然二胡夹上了弱音器，但还是吵到了邻居，人家三番五次敲门抗议。老师无奈，只好一次次地对我说："再轻点，再轻点……"全曲用了5个多小时，一气呵成。虽然老师已经非常劳累，但还是面带微笑地说："许多人跟我学过这首曲子，我认为你是学得最成功的……"后边的话没听清楚，是因为当时我饿晕了，头出虚汗，两耳蝉鸣，眼冒金花。老师见我表现异常，便关切地问："曙亮，你怎么了？"我靠在沙发上，仿佛看见老师急忙打开煤油炉烧了一锅水，好像是在为我做饭。不一会儿，老师轻轻拍着我的肩膀说："曙亮，快吃一点东西吧！"我吃力地睁开眼一瞧便惊呆了，摆在面前的竟然是两大碗热腾腾香喷喷的挂面！老师怕滋味不够，又给我舀上了两勺大油。老师无微不至的关爱，深深震撼着我的心灵，热泪再也止不住了。我也没把自己当外人，端起碗一口气吃个痛快。老师教了我这么长时间也饿了，余下的半碗面汤他也喝了，一会儿又自责地说："这半碗稀面我实在不应该喝，都应该给了你……"然后又给了我 5 元钱让我买些书看。我再次流出感激的热泪，心里想，将来我会像对父亲一样来报恩的。

老师数年的心血和汗水，化作我学习的动力。我从老师那里不仅学到了大量练习曲和独奏曲，更学会了如何做人，如何从艺。1964 年我以优异的学习成绩毕业，并留校任教至今。老师对我的成长感到十分欣慰，曾记得在我 66 岁那年，他还拿我当孩子，竟然说："孩子，让我亲亲。"

吃水不忘挖井人，我艺术上的成长是与恩师紧密相连的。恩师啊！您虽与世长辞，但精神永存，您在我心中永远是一位道德品质高尚的艺术大师！

原文发表于《中国二胡》第 46 期，2015 年 4 月 15 日

王曙亮 河北艺术学院副教授，中国音乐家协会二胡学会第一届、第二届理事，中国民族管弦乐学会常务理事。

论张韶在我国二胡艺术史上的地位

◎ 潘方圣

　　张韶先生出生和成长在我国二胡历史发展的最为肥沃的土壤氛围之中，这种得天独厚的天时、地利、人和的艺术环境，以及他的天赋和终生不懈的努力，最终使他成为二胡艺术界的一代宗师。二胡虽然发源于我国古代西北部少数民族地区，但是，自近现代以来，在江南长江下游地区形成了一种音域宽广、音区适中，声音醇厚、温润而富于表现力的品种，即被称为的"南胡"，意即江南地区流行的胡琴简称"南胡"。"南胡"这种二弦乐器自更名"二胡"后，在我国近现代音乐发展中，不仅成为一件出色的独奏乐器，而且，以二胡为主的弦乐声部，亦成为我国新型民族乐队的基石，江南地区也就成为我国现代民族音乐成长的摇篮。正如19世纪俄国所形成的民族音乐学派的"强力集团"，他们以提倡民间音乐为基础的民族风格，并在不同程度上实践了他们的主张。我们中国人不称"集团"而称"派"，江南地区形成的无锡（包括江阴、常州、吴县、宜兴以及周边的苏州、昆山等地）派，就犹如俄国民族乐派的"强力集团"，虽然传承关系不一定那样直接，但是，人才济济、辐射广远，强有力地影响了我国近现代民族器乐的发展。特别是南胡这一乐器，民族音乐先驱吕文成仿制它而改革成功为高胡（粤胡），又极大地影响了岭南广大地区的音乐发展，致使江南丝竹和广东音乐成为我国近现代以来最主要的两大乐种。近现代无锡地区的音乐大家人才辈出、熠熠生辉：如清代的昆曲大家吴畹卿（无锡），笛箫、胡琴、琵琶等乐器无所不能，他是现代著名音乐学家杨荫浏、曹安和的老师，戏曲与民族音乐的造诣极其深厚；郑觐文（江阴），在上海发起成立"大同乐会"并首任会长，组成的乐队是我国现代最早的准民族乐队，乐会改编且由郑觐文命名的民乐合奏曲《春江花月夜》，已成为中国最具代表性的民族器乐曲；周少梅（江阴），被誉为"三把头胡琴"演奏家，对二胡演奏的出新功不可没，他是最早将民族民间音乐引入正规学校的先驱之一，曾教授过现代国乐大师刘天华；华彦钧（无锡），传曲的《二泉映月》现已誉满全球，成为最为经典的二胡独奏曲之一；刘天华（江阴），作为现代最负盛名的国乐大师，集演奏家、作曲家、教育家于一身，把二胡提升成为中国最富于表现力的独奏乐器之一，并创作了十首二胡独奏曲及其他乐曲，此乃前无古人、后有承者的创举。同时，开创了我国器乐练习曲写作之法门。这一切，都有划时代的意义，从而成为二胡史上里程碑式的人物；杨荫浏（无锡），精通笛箫、琵琶、小三弦等乐器，最终成为我国民族音乐学大家，著有鸿篇《中国古代音乐史稿》；储师竹（宜兴），先后向刘天华习琴九年，是我国现代著名的二胡演奏家、教育家，张韶先生1946年起就从师于他学习二胡；刘北茂（江阴），刘天华的小弟，继承其兄的事业，在二胡演奏与教育上多有建树；吴伯超（武进），从刘天华学艺多年，是其最为得意的门生之一，1942年任青木关国立音乐院院长，在民族音乐领域成绩斐然；曹安和（无锡），随刘天华学习琵琶，成为现代著名的琵琶演奏家、教育家、音乐学家，张韶曾随其习琵琶；王沛纶（苏州），1933年毕业于上海国立音专，曾受刘天华之托，在校内设立国乐改进社上海分社，后到台湾发展，编有《音乐辞典》等；蒋风之（宜兴），随刘天华学习二胡，是我国著名的二胡演奏家、教育家。另外，还有较年长于张韶的陆修棠（昆山），著名二胡演奏家、教育家，作有二胡名曲《怀乡行》；钱仁康（无锡），学贯中西，是我国著名的音乐学家；王乙（吴县），二胡演奏家、教育家，曾培养了闵惠芬等学生；项祖英（苏州），曾任上海民族乐团首席，后入上海音乐学院任教；等等。在如此强力集团式人物的艺术氛围之中，张韶（武进）在这片热土上，作为后起之秀，上承开创近现代二胡艺术传统的刘天华等大家，下启一大批中青年二胡演奏家之端绪，他是中华人民共和国成立以来在二胡艺术领域成长起来的第一代传人，成为承上启下、不可或缺的中坚领军人物。

张韶早在 1946 年就考入南京国立音乐院，导师是杨荫浏先生，并师从刘天华弟子储师竹和蒋风之学习二胡，同时向曹安和学习琵琶、曹正学习古筝，向高步云学习昆曲和三弦。1950 年储师竹教授携他和蒋咏荷在常州举办音乐会，他以二胡、琵琶、古筝三种乐器的独奏全面展现了他的音乐才华。1953 年他赴京出任中央广播民族乐团首席和二胡独奏演员。中央广播民族乐团是中国第一支新型的专业民族管弦乐队，在国乐大师彭修文的统帅和带领下，在借鉴西洋管弦乐团管弦法、吸收前人改革成果基础上，确定了以弓弦、弹拨、吹管、打击四个声部组合的中国现代民族乐队编制，使民族管弦乐队进一步扩大音域、增大音量、优化音色，成为独立于世界标准管弦乐团之外的又一支大型的现代化管弦乐团，该乐团富于中国民族乐器特色，具有特殊的音乐表现力。作为乐团首席的张韶不仅二胡演奏出色，且具有较为全面的音乐知识和组织才能，为我国民族管弦乐团的开拓组建取得了丰硕的成果，积累了宝贵的经验。首先，在民族乐队成立的初创阶段，由于乐器组合上的不甚成熟，必须投入很大的精力进行乐器改革。1949 年至 1950 年他就与同仁张子锐合作，将二胡丝弦改为钢丝弦，后又相继研制了铬弦、铝弦、二泉弦、汉宫弦、外缠弦等，1955 年将木轴改为铜轴，1993 年又研制成微调固定千斤等，一直为改进二胡及其制作而不遗余力。这是自 20 世纪 20 年代吕文成创制高胡以来，在二胡自身改革上所取得的又一累累硕果。正是他与乐器制作家一起共同努力、研究改进，致使现代的二胡乐器比起传统来，质量有了极大的飞跃，真正成为一件中国式的、富于极大表现力的弓弦乐器。其次，在演奏方面，1949 年以后的十年间，虽然江南地区的二胡艺术有着传统正能量的优势，但是，那时我国民族器乐的总体发展还处于由不自觉向着自觉改革发展的关键时期，甚至连"民族音乐会"这一形式，以及像"中央广播民族乐团"等这些字眼对国人来说也是十分陌生。因此，像张韶等新中国第一代民族音乐传人，肩负着十分艰巨的任务和无比重大的责任。由于他既有二胡独奏的能力，又有其他前辈较少有的大型民族乐队的演奏经验，加上他不懈的努力，因此，在开掘与发挥二胡演奏的领域上，终于有了惊人成就和建树。

在提及张韶对我国二胡演奏与发展事业的贡献时，莫过于对二胡技法较系统、科学的总结和推广，那就是他所编著的《二胡广播讲座》（1956 年编写，1959 年出版书籍）。显然，这是中央广播民族乐团一个率先由他承担了下来，并在诸乐器中首先试水成功的学术成果。20 世纪 50 年代，可以说二胡曲集及演奏法之类的书籍极少，除了华彦钧曲集和刘天华作品外，几乎没有其他的东西可以借鉴与学习。张韶在中央人民广播电台以广播形式来向全国乃至境外推广、传播民族乐器及演奏，这是第一次也是第一家。这一创举，影响之深广是空前的。张韶在总结传统二胡学派的基础上，在立足于无锡地区二胡发展的根基上，广泛吸收、博采众长，集全国各二胡风格、流派之大成，创立了二胡技法理论体系，把二胡的演奏、教学推向了专业化、规范化、科学化的发展阶段，这是具有里程碑意义的，同时也奠定了他在二胡发展史上的重要地位。应该说，二胡广播讲座以及后来出版的同名书籍所产生的广泛而深远的影响，怎么评估都不为过。活跃在新中国二胡事业上数代一流的演奏家、教育家、作曲家乃至理论家都深受其影响。同时，很多业余二胡爱好者就此走上了专业二胡演奏的道路。《二胡广播讲座》它是一本最早深入浅出地、系统地介绍二胡历史、二胡沿革及演奏法、二胡练习曲与乐曲等的讲座著作，既具有普及性、知识性，又条分缕析、总结规范，极大地提升了二胡艺术的实践理论。在该著作中，对二胡史上的名师大家，除了介绍和推广华彦钧、刘天华等演奏、创作的作品以外，也介绍了前辈储师竹、刘北茂、陈振铎、蒋风之等的作品。同时，在练习曲方面，在刘天华练习曲的基础上，进一步开创了 F 调 6̇ 3 弦、C 调 2 6 弦、♭B 调 3 7 弦等练习曲与小曲，这在当时二胡界是具有积极意义的。我们知道，在华彦钧和刘天华时代，二胡乐曲几乎是 1 5 弦和 5̣ 2 弦来一统天下，刘天华创作的十首二胡曲，七首是 1 5 弦，三首是 5̣ 2 弦，没有其他调性的乐曲。那么，像张韶所处的中央广播民族乐团，就曾移植、改编过如《瑶族舞曲》那样的羽调式乐曲，二胡就必须用 6̣ 3 弦来演奏。虽然，在过去已经有了像俞鹏的《d 小调即兴曲》那样的 6̣ 3 弦演奏的乐曲，但影响甚微。实际上，二胡采用 1 5 弦和 5̣ 2 弦以外的调性来创作乐曲，是中华人民共和国成立后才有的事。由于张韶等第一代传人的创作、推广，才使二胡在调性使用上灵活多样而各具特色。而且，在《二胡广播讲座》的"转调"一节中，他又把在乐队中演奏《瑶族舞曲》的西洋同主音大小调互转，用二胡15定弦演奏D调，转入♭3♭7定弦演奏B调并转回，充分说明了他把工作中遇到的实例用于二胡的练习之中取得了很大的功效。这些开创性的工作，可以说为后来的二胡作曲大师刘文金创作经典性的二胡曲《三门峡畅想曲》等新型的二胡独奏曲的诞生，奠定了启发思维、创作示范等坚实的基础。

在《二胡广播讲座》演奏技巧的介绍方面，值得注意的是，他不拘一格吸收西洋小提琴的一些演奏技巧，如颤弓、快弓、跳弓、顿弓、点弓、断弓等右手弓法技巧，人工泛音等左手按指技巧。对揉弦技巧，不仅介绍了传统的压弦式方法，更引进了西洋小提琴的腕动式方法。这对二胡演奏技巧的提升，无疑起到了极大的推动作用。问题是，在我们现在看来，谈及这些问题，以及有些练习曲、乐曲在演奏技巧上的突破运用，似乎很平常，不足为奇，但是，我们永远应该记住的一句名言是——"第一个吃螃蟹"的人是需要远大眼光与巨大勇气的！当我们现在回顾这一历史发展的总体进程时，依然清晰且令人激动。1986年，他重新修改出版的《二胡广播教学讲座》，内容有了很大的扩充，理论性更强且更具有操作性，仍然是当今影响非凡、不可或缺的二胡教材。

1981年张韶调至中央音乐学院任教，从此为培养二胡艺术的接班人而殚思极虑，桃李满天下，比较著名的有刘长福、蒋才如、于红梅、王曙亮、张玉明、孙凰等等，间接受其二胡书籍影响的学生更是不计其数了。更主要的体现在他的学术成果总结了二胡技法的理论，并将其系统化、科学化、规范化，在完善和发展了刘天华二胡学派的传统基础上，又能与时俱进，不断开拓二胡发展的新的领域。如果说西洋小提琴经过几百年的发展与努力，才走上了一条系统化、科学化的道路，那么我国二胡的系统化、科学化进程，则在张韶等第一代传人的短短几十年的努力中就已经取得了可喜的成绩，且基本定型，可谓前途光明。回顾张先生的一生，硕果累累，如中央人民广播电台录制有20余首他演奏的二胡独奏曲，1984年香港出版发行其CD独奏专辑，多年来创作有《花鼓调》《大河涨水》《喜丰收》《感怀》《秧歌变奏曲》《欢乐的草原》等二胡独奏曲和60多首二胡练习曲，先后出版十多本二胡著作，总计200多万字，总销量达300多万册。难能可贵的是，为了方便盲人学生学习，他还编写了《盲文二胡讲座与练习》（盲文出版社出版，1983），这是对我国著名盲人二胡演奏家华彦钧最大的尊重与缅怀。他是中国音乐家协会二胡学会的发起人和首任会长（任会长近20年之久），也曾担任过十几次全国二胡顶级比赛的核心评委。写到这里，不能不提及的是，张韶先生高尚的人品和道德情操，为人诚恳，热情谦虚。笔者每次去京总是抽空上门看望他，而他也总是在他住所附近的一家普通餐馆便菜便饭招待，一边吃饭，一边共同探讨、交流一些二胡学术问题，其乐融融！尤其使笔者无法忘怀的是，2009年笔者拙著《音海琴韵》底稿杀青，准备付印之际，拟请他撰写一篇序文，他二话没说，欣然同意，在认真审阅了笔者所有文稿后，赶在出版前夕，发来一篇热情洋溢、读后使人受宠若惊的手书稿序文，使笔者深刻、真情地感受到一位长者，一位真正的好伯乐、真伯乐对一个晚生、一个事业上的同仁所给予的关怀与鼓励，由此带来的无限温暖使笔者终生铭记！

今天，我国二胡艺术飞速发展，取得了巨大成就，我们不会忘记中华人民共和国成立以来二胡第一代传人们尤其是张韶老先生的丰功伟绩。在纪念张老仙逝三周年之际，让我们深切缅怀他艰辛的艺术历程、高尚的道德情操和对我国二胡事业卓越的历史性贡献！

集二胡演奏、教学、著作、革新于一身的张韶老师不愧为20世纪二胡艺术发展史上有着深远影响的演奏家、教育家、改革家和艺术大师！

原文发表于《乐器》2017 年第 9 期

潘方圣 长期致力于民族音乐研究，出版著作《音海琴韵》《艺海掇英》《京剧唱腔音乐研究》（与人合撰）等。

良师已去　德艺长存

——追忆敬爱的张韶老师

◎　余其伟

1978 年春夏之际，我入选中国艺术团在北京排演节目，准备赴美国及港澳地区演出。在京约 4 个月长的集训期，有一天，任教于中央音乐学院的张韶老师骑着单车，载着一部录音机，来到我们艺术团的驻地找我。张老师对我说："得知余其伟你来北京，特地要收录你用高胡演奏的一些广东音乐，作为音响教材，为中央音乐学院的学生们示范教学之用。"当时才 25 岁的我，见到张老师人很亲切随和，没有一点架子，他能对我这年轻小伙子如此重视，心里一阵热乎。其实在此之前，我就见到张老师出版的二胡教材，知道他是大名鼎鼎的研究家和教育家，也作曲子。那天就在招待所的房间，我为张老师录了《雨打芭蕉》《平湖秋月》《鸟投林》《旱天雷》等。自此以后，我与张老师就建立了交往关系。从 1978 年至 2000 这 20 多年中，我每年几乎都有机会到北京一至数次，当中或演出，或开会，或讲学。每到北京，都尽量抽时间去拜访张老师，向他学习二胡演奏。记得最早一次去老师家中，就是 1978 年春夏之际。张老师家有很丰富的音乐录音藏品，那天从他的录音介绍中，首次听到二胡移植帕格尼尼的《无穷动》、蒙蒂的《查尔达斯》等曲，张老师向我推荐这些，指出中国胡琴的发展，要重视基本功的训练，不妨移植一些具有高难度技术的小提琴曲来"训练"二胡。后来我每次到张老师家，最大的印象是他有很丰富的资料，视野多维，讨论问题不偏激，对学生充满爱心，一派诲人不倦的作风。多年来，我向张老师请教，从《拉骆驼》《山村变了样》《空山鸟语》《光明行》，到《闲居吟》《欢乐的草原》及各种练习曲的基本功训练等等。记得有一次上课太晚了，干脆就在史家胡同的家睡了一夜。张老师的音色纯美，音乐表现中充满了自然而复苏的感情，演奏之作风是不张扬、不造作，是真情投入、专注且动人。他应该是那个时代最优秀的演奏家和教育家之一，他的演奏风格及教育风范将不断地给后世以重要的影响。

大约是在 1978 年间，张韶老师来到广州，他打电话给我，我说要到宾馆去探望他，但他则坚持要来我家中坐坐。那天在我广州沙河顶的家中书房，张老师像以往我们见面时一样，有谈不完的话题，从演奏（具体到乐曲处理、各种地方风格的掌握、音色、长短弓等）到文学、史学……张老师很健谈，也具有音乐家不可或缺的音乐知识以外的如文史等方面的知识修养。那天谈到晚了，就随便在我家吃点东西，印象很深的，就是我太太做的广东人常吃的那碗牛腩炆萝卜，张老师大赞，说太好吃了。

90 年代的后期，张老师的儿子得了病，令老人家心情不好，他也打电话向我诉说儿子的情况。然后，由我牵头，发动了广州地区的一切同行，大家一起尽些力量，筹了一点款帮助张老师的儿子。

大概是 2002 年冬天，中国民族管弦乐学会胡琴委员会一次会议，我到了北京。会上，张老师也做了语重心长的发言，对中国民乐，对胡琴前景，他总是有着憧憬，有不竭的热心。那时他年世已高，身体虽不如前，却也精神不错的。但真想不到，这却是我见张老师的最后一次，因为2004年我赴香港演艺学院任教以后，基本上没有很多机会到北京去了，香港的工作忙。

我心里常常挂念着张韶老师，忘不了近30年来他对我的教诲，忘不了张老师善良而慈祥的容貌。偶尔也打长途电话问候张老师，了解询问他的生活近况、身体情况。约是2009年的一次长途电话，我在香港，北京那边张老师电话跟我说，由于年纪太大，身体毛病多了，生活起居觉得很不方便，当然也得到家人细心的照顾，但毕竟人老了……说话中，听得出他的心情比较低落。当时我也心中惆怅、黯然，只能跟他说些安慰的话。更令我感动不已的，是张老师即使在病中、行动不太方便之时，他也总是惦念着别人，尽量地帮助别人。约四年前的某天，我照常从香港打电话问候张老师，他则在通话中郑重其事地说，一定要介绍一位在民乐理论研究中很有建树的人让我认识，并希望我能跟这位人士建立交往关系。张老师电话中细心地将他介绍之人的电话号码让我记好，也将我的电话号码核对清楚，说他会转交那位人士，好让我们之间取得联系。张老师介绍的这位民乐理论家就是杭州的潘方圣先生。很快，我跟潘方圣先生就取得了联系，彼此建立了友谊，大家对民乐事业都有谈不完的话题，也一再对张老师的牵线使彼此能成为朋友而感激不尽。

30多年过去，认识张韶老师，得到张老师的教诲，经历了太多往事，要说的还有很多。谨以点滴回忆追述过去，深深地怀念敬爱的张韶老师。

2017年4月28日谨写于香港演艺学院

余其伟 香港演艺学院教授、中乐系系主任，星海音乐学院教授，中国民族管弦乐学会胡琴专业委员会副会长。

张韶老师与我的艺术生涯

◎ 张玉明

一、恩重如山　情同父子

我的艺术生涯可以说是与张韶老师完全联系在一起的。1975年的夏天，张韶老师在山东济南、青岛招生，他非常喜欢我，于是那时我就正式拜师，开启了我与张韶老师40年的师徒情缘。我与张老师约定冬天去北京找他学琴，那年的北京天气格外寒冷，我到的那天，下着大雪。令我意外的是，张老师亲自到北京站接我。外面大雪纷飞，可看着和蔼可亲的张老师，第一次出远门的我内心温暖如春，那一幕让我终生难忘。

张老师对我视如己出，在日后的几十年我深有体会，我们不但是良师益友，更是情如父子。记得1979年我随东方歌舞团出访三个多月回来，带回一台录音机及20盘录音带，我急切地送到了张老师的手上，他非常高兴，因为这正是喜爱收藏录音资料的张老师特别需要的。我看到老师的喜悦，也有说不出的高兴和激动。现在想想当年一台录音机市价要800元人民币，一盘录音带10元人民币，而我当时工资每个月只有21元，当时还送给了王国潼老师20盘录音带，但我从来不觉得这是对老师的回报，而是很自然的事情。难道你送自己的父母东西，还须要核算他的价值吗？这就是当年师生之间真挚的情感。

日后我和张老师的关系与其说是师生，其实更像父子，是互相依赖的感情。那年我赴新加坡之前的几天，老师和我整天都在一起。他非常不舍得我离开，大哭一场，我也是一样。不久，张老师来新加坡当评委及演出，非常成功。我们又在一起度过了许多美好的时光。之后也多次请他来，但遗憾的是他身体的健康状况已经不允许了。后来每年我只要回青岛老家必会绕道北京，就为了能见上老师一面。见了面亲切无比，每次都给他装满我带的特产，也一定把钱包里所有现金都留给他，恨不得把一切都给他。每次他送我到机场，总有说不完的话，迟迟不舍得离去。在新加坡的日子我每年总会托人带新加坡币给他，其中许讲德老师来当考官时也帮忙带过几次，朱春光和我的学生们去北京时也带给他多次。每次我一回北京，我们总是一起谈到深夜，一直有说不完的话，只恨时间太短。

张老师去世的那几天我不知道是怎么过的，我从新加坡立刻飞回北京，赶到协和医院，去见老师最后一面。当我和连云港朱老师把老师从冰冻箱抬出来时，再也抑制不住感情，放声大哭起来，边哭边跟张老师说了好多话。我看着老师的脸庞，就好像是睡着了，可是怎么也叫不醒了，这时才真正意识到是这一生跟老师天人永别了。

二、人生导师　指路明灯

1976 年，我又去北京，当时张老师被调到北京广播学院专门教二胡，定向为中央广播民族乐团培养学员。我就跟随老师在广播学院附近住了半年。张老师一心想把我赶快培养出来，对我的教学方法也是别具一格。记得那段时间，我只是跟张老师学了《喜丰收》和《秦腔》两首曲目，而大多数时间则是张老师亲自带着我去找在北京的老师们学习。先是跟蒋风之先生学习《汉宫秋月》《二泉映月》《病中吟》等，跟陈振铎老师学习刘天华十曲等曲目。随后大量的学习开始了。那时密集为我上课的老师包括王国潼、闵惠芬、汤良德、王宜勤、许讲德、朱学义、陈耀星等老师，学习了包括《江河水》《怀乡曲》《苍山歌声永不落》《金珠玛米赞》《翻身歌》《战马奔腾》《公社春来早》等曲。那时候我非常频繁地去北京，父亲为了我，把手表和自行车卖了作路费。张老师知道我的情况，都会亲自带我去上课。因为张老师的面子，老师们都没有收过我一分钱学费。学过的曲目张老师也会定期检查，所以那两年里，进步飞快。张老师和所有老师们无私地付出，为我日后的二胡生涯奠定了坚实的基础，感恩！

那时全国调演，只要是来北京的地方演奏家都会聚在张老师的家，所以常常是一屋子的人。我也得到了极好的学习机会，结识了好多演奏家，每次张老师也会抓紧时间安排老师为我密集上课，如甘伯林、唐毓斌、果俊明、甘尚时、赵砚臣、余其伟等等。有一次，闵惠芬老师在张老师家教我《江河水》，从晚上7点教到11点，乐谱标记得密密麻麻。上完课后已经没有公交车了，我走回住处已经天明了，我还是一路的兴奋，一点儿也不觉得路途遥远。

每天除了上课、练琴之外就是花很多时间帮老师校对、抄书，几乎全部时间都是这样过的，每天生活很充实，收获太大了。仅仅半年，我在各方面都有提高，专业上了几层楼。那时的进步是意想不到的，每位老师都给了我很大的帮助和鼓励。

1977年，张老师向住在同院的艺术局局长，也是东方歌舞团书记的赵起扬先生推荐了我。于是我放弃了中央音乐学院的最后一轮考试，考入了东方歌舞团。进团后，张老师也没有放松对我的要求。那段时间全国巡回演出密集，老师不准我玩耍，每到一地，给我的任务就是学习民间音乐、地方戏曲、拜民间艺人学习，我本身也非常有兴趣。在南方学习了锡剧、沪剧、越剧曲牌、江南丝竹、广东音乐等等。沪剧南胡大王朱介声、丝竹泰斗陈永禄，以及王乙、闵惠芬、周浩、沈凤泉、沈正陆、张锐、马友德、杨积强、甘涛、王寿廷、项祖英、张伯忠、刘功成、肖白庸等很多老师都是张韶老师的好友。张老师要我学习什么内容，他都会写一封信给各位老师，所以我每次去外地演出时，手上都会拿着很多信。老师指定我要全部学到老师们的拿手曲目，并且要把录音带回给他。虽然很累，但真的是大开眼界，对日后的演奏起到了决定性的作用。

张老师的面子很大，我在上海跟闵惠芬老师上课最多，每次都是两小时以上。闵老师不但给我上课，还给我做丰盛的晚餐。闵老师的先生刘振学老师还给我买了一套价格不菲的衣服。在南京，向张锐老师学的最多，还常常在老师家吃饭。这么集中的上课，老师都分文未取。在东方歌舞团的十几年，国内外巡回演出非常多，除了演出和排练之外几乎都安排了学习和练琴，现在回想起来意义非凡。

之后，张老师继续在艺术道路上引领我。在东方歌舞团期间，张老师常常找王昆团长，给我批钱出去拜师，我曾去过蒙古国学地道的蒙古长调，去南宁找陈永禄学丝竹，找盲人民间艺人田山学软弓京胡，找蒙古族青格勒学马头琴，在北京安排我找张素英老师上京胡课，向张长城老师学板胡，后来张长城老师还安排他的儿子张扬跟随我学习二胡，后又到新疆学艾捷克，又跟印度名家学习印度萨朗基等等。张老师也继续督促我对各地方音乐的学习，他让我去学朱昌耀地道的南味风格，后来找机会我去南京亲自学了他创作的《江南春色》和《苏南小曲》。张老师还特别把余其伟请到家里教我广东音乐等等。他告诉我说，这一切是他送给我的大礼，是一生中很难得到的机会，是一次真正的民间学习！我今年61岁了，学过的东西太多太多，觉得还没有全部消化完，这珍贵的过程及大批的录音资料，是千金买不到的。在新加坡的这些年，我觉得练琴和消化很起劲，练琴练到上瘾，收获非常大。许多老先生相继离世，这些资料更为宝贵，那里记录着他们的演奏和讲课的声音。其实二胡的演奏就是要广泛吸取营养，深入民间，才是完美的。

张老师这种不分门派、博采众长的教学方法，也对我起了很大的影响。1982年，我在杭州结识了孙钰嵘，他委托我给他在上海音乐学院附中上学的学生严洁敏上课，所以之后在上海的一个多月中，我教了她《豫西调》《新婚别》及一些风格性乐曲。之后我再去上海，就带她拜访了好多名师，介绍她认识了包括王乙、闵惠芬、项祖英等老师，鼓励她以后一定要多向老师们学习。同时，严洁敏也为我提供了一些上海音乐学院采用的教材和资料。当我把严洁敏的录音拿给张老师听时，他非常爱惜人才，说一定想办法帮助她来中央音乐学院学习，并请她做1985年二胡邀请赛的示范演奏。

三、恩师恩报　传承永续

在教学方面，张老师不但给我很多的启发，更是给了我很多宝贵的机会，让我把多年学习积累的经验毫不保留地传给学生们。张韶老师在发掘人才方面经验丰富、准确到位。从1983年到1995年十多年间，老师在音乐学院的学生先后有魏晓东、于红梅、张芸、黄晨达、许文静等，除了张老师执教把关外，给了我大量机会带他们。每次考试比赛我付出了大量的心血，尤其是台湾几次协奏曲大赛，大陆只有 4 个名额，我教他们比赛曲目，他们的初赛我亲自掌机录音整夜，录到完美为止。用了很完美的录音报名初赛的于红梅、黄晨达每次都顺利进入决赛，所以每一次大陆的 4 个名额，两个都是在张韶老师的名下。

张老师当年对我无私地付出，使我也觉得对学生的付出是理所当然。记得那是 1989 年 ART 国际比赛，在比赛前 20 天，于红梅才改曲目为《江河水》。我到音乐学院给她上课，因为时间紧迫，有时一次课要上 4 个小时以上。终于，老天不负，16 岁的她获得了亚军。还有一次我从外地演出回来，晚上 8 点下飞机后直接赶往音乐学院，为于红梅上课至深夜，因为再过一天就要大考，那次她考到了很好成绩。我一直以张老师对学生的爱为榜样，他给我的爱我也会照样传给学生。张老师从来都没有门户之见，所以我也是一样的想法。张老师名下的学生，我都会不顾辛苦地付出，就是要帮助张老师名下的学生都成才，这也是我对老师的报答。黄晨达就是当成我自己的儿子来教导，有时甚至会关在我家教几天。他的演奏日益提高，获奖多次并得到大学最高成绩。当时学生们的成绩都很突出，这跟张韶老师严格把关以及学生们的刻苦努力分不开。

除了这些，外来的学生不计其数，老师也给我很多机会施展教学。其中东北的学生李阿平，原来是找张韶老师学习，后来张老师把她介绍到我这边学习，于是，由她爸爸、著名乐评家理论家李明正带着她 1995 年跟我学了一年，那年她提高的速度惊人，并荣获"富利通杯"国际大赛冠军。同期，许文静获亚军，林顺丽获海外组第一名，魏晓东及台湾薛青丽获得优异奖。

张韶老师在全国各地名气很大，各地都有慕名来找张老师学琴的学生，他毫无保留，把很多学生介绍给我：王颖每周从保定定县来我家上课，两年后顺利考上中央音乐学院附小；于红梅的表妹卜小妹从济南赶来北京，密集上课数月后顺利考入中国音乐学院附中；现沈阳音乐学院附中副校长张明当时就读附中，来北京也是每天上课，随后在全国院校比赛夺冠；中国音乐学院张尊连毕业考试时，他演奏了我教他的数首曲目，获得了很高的毕业成绩。

张老师也极力推荐海外学生给我，香港辛小红、辛小玲在我集中教学后，顺利考上香港中乐团高胡首席和二胡首席；台湾郑玉琴暑期学习后，顺利考上台湾广播乐团首席等等。以上学生全部都是拜张韶老师而来，他无私地把很多机会让给了我，使我得到长期的锻炼，并且获得丰富的经验，取得了很好的成绩。这些全部都是老师培养我所付出的心血的积累。

近些年，新加坡及海外学生的成绩也得到肯定：2013年新加坡本土的学生获得了众多国际比赛大奖，在新加坡国内比赛也获奖累累；受邀赴俄罗斯巡回演出、台湾音乐厅演出、东南亚各国演奏等。这些学生的成绩就是对张韶老师教学事业的传承，想必他在天之灵也会很欣慰。

张韶老师犹如我艺术生涯的一盏指路灯，他是我人生中重要的导师。可以说我的青年和中年的每个时期都与老师有着密不可分的联系。张老师也是最了解我的老师，在一次电视录影时他为我做了全面总结，每次在网上看到这些，便更加怀念我的恩师——张韶老师。

四、师恩难忘　永驻我心

一日为师，终身为父。可以说，张老师的一生将全部的爱、全部的精力都奉献给了民族音乐事业。和他接触过的人，都会有同样的感受，那就是和蔼可亲、平易近人，每时每刻你都会感受到他那颗温暖的心。他不会看不起任何人，但是他痛恨骄傲自满、唯利是图的人。他喜欢脚踏实地、品德好、低调和真诚的人。他不争名、不争利，让人感动。张老师在中央广播民族乐团工作时，几次团里给他提工资，他都让给了别人，很多好的待遇也让给了别人。在中央音乐学院晋升教授职称也不争，还是在退休时才拿到。育人方面更是典范，贫困的学生他特别照顾，就是因为他对学生无微不至的关心，有时反倒疏忽了对家人及孩子的照顾，甚至招致孩子的微词。张老师对事业一丝不苟，对学生的缺点绝不放过。记得有一次我帮老师抄书整整一天，晚上老师在看完稿后发现我有错别字，少抄一行时，他大发雷霆，一天抄的厚厚一叠被他全部撕掉，还被痛骂，我想再重新改正，但他不给机会，只好重新来过。学术上他也绝不轻易放过，拉琴出现问题他会说得很严重，很可怕，来激发我。所有这些都使我日后做事态度严谨，对待演奏乐曲和技术不敢慢怠。

　　张韶老师有时是严师，有时又如慈父，我在人生途中遇到您，何其幸运！我会铭记老师的恩情，也会追随您的足迹，不计回报，兼善天下。在您 90 周年诞辰之际，说出我对您的思念，您将永远在我心中！

2017 年 4 月写于新加坡

张玉明　新加坡音乐家协会荣誉理事、胡琴学会会长。

从《二胡广播讲座》说起

——谈张韶先生对中国二胡艺术发展的重要贡献

◎ 朱昌耀

2017 年，是著名二胡演奏家、教育家张韶先生 90 周年诞辰，中央音乐学院举办隆重的纪念活动，缅怀张韶先生对二胡艺术发展做出的重要贡献，对于推动中国民族音乐和二胡艺术的传承发展，具有十分重要的意义。张韶先生是我们江苏人，是我们江苏的骄傲。作为张韶先生家乡的代表，能参加这次纪念活动，我感到非常荣幸。

近现代以来，在江苏这片历史悠久、人文荟萃、美丽富饶的土地上，曾诞生了一大批中国民族音乐的名家大师，如虞山派古琴名家严澂（常熟人）、徐上瀛（太仓人）；著名琵琶大师华秋苹（无锡人）、汤印曾（邳县人）；精通笛箫、胡琴、琵琶等乐器，著名音乐学家杨荫浏、曹安和的老师——清代昆曲名家吴畹卿（无锡人）；上海"大同乐会"的首任会长、名曲《春江花月夜》的编曲者郑觐文（江阴人）；曾教授过民族音乐家刘天华，被誉为"三把头胡琴"的著名演奏家周少梅（江阴人）；创作了誉满全球的《二泉映月》的民间音乐家华彦钧（无锡人）；著名二胡演奏家、作曲家、教育家刘天华（江阴人）；著有《中国古代音乐史稿》，又擅长笛、箫、琵琶、三弦演奏的著名民族音乐学家杨荫浏（无锡人）；刘天华的学生、著名二胡演奏家与教育家储师竹（宜兴人）；刘天华的弟弟、著名二胡演奏家、教育家刘北茂（江阴人）；刘天华的学生、著名琵琶演奏家、教育家曹安和（无锡人）；毕业于上海国立音专，受刘天华之托，在上海设立国乐改进社上海分社，编有《音乐辞典》的著名民族音乐家王沛纶（苏州人）；刘天华的学生、著名二胡演奏家与教育家蒋风之（宜兴人）与陆修棠（昆山人）；等等。

1927 年 4 月，张韶先生出生于江苏武进县，受到江南丝竹、昆曲、锡剧、苏州评弹和民歌等民族民间音乐的影响，从小的耳濡目染，使得他喜爱上了各种民族乐器的演奏，并逐渐显露出他很高的音乐天分。1946 年，著名民族音乐学家杨荫浏在众多民乐考生中发现了张韶的出众才华，使他成为南京国立音乐院（中央音乐学院前身）唯一被录取的二胡学生，从此走上专业二胡演奏的道路。考入南京国立音乐院后，他一直师从杨荫浏先生学习中国音乐理论，并跟随刘天华的弟子、著名二胡教育家、演奏家储师竹和蒋风之学习二胡，同时还向刘天华的弟子、著名琵琶教育家与演奏家曹安和学习琵琶，向著名古筝演奏家、教育家曹正学习古筝，向昆曲名家高步云学习昆曲和三弦。1950 年，储师竹教授携学生张韶、蒋咏荷在常州举办音乐会，23 岁的张韶以二胡、琵琶、古筝三种乐器的独奏，充分展示了他过人的音乐才华。

张韶上承刘天华先生及其第一代传人的二胡艺术之传统，下开一大批当代二胡演奏家的二胡艺术之先河，在总结传统二胡学派的基础上，广泛吸收、博采众长，集各二胡风格、流派之大成，创立了二胡演奏法的理论体系，把二胡的演奏和教学推向了专业化、规范化的新阶段。张韶集二胡演奏、创作、教学、理论研究和乐器改革于一身，成为中华人民共和国成立以来二胡艺术承上启下的关键人物，也是 20 世纪中国二胡艺术发展史上具有深远影响的二胡艺术家。

一、《二胡广播讲座》影响了几代中国二胡人

对于在 20 世纪 50 年代出生的二胡人来说，在学习二胡的过程中对我们影响最大的莫过于张韶先生编著的《二胡广播讲座》。在提及张韶先生对我国二胡演奏与发展事业的贡献时，也莫过于他所编著的《二胡广播讲座》。

《二胡广播讲座》是张韶先生任中央广播民族乐团首席和二胡独奏演员期间，于 1956 年编写，1959 年出版，并在中央人民广播电台以广播形式向全国乃至境外推广、传播二胡艺术及其演奏的新模式。这一创举的影响之深、受众之广是空前的。50 年代，国家百废待兴，中国民族音乐的演奏、教学、创作、理论，也是如此。二胡演奏法、二胡曲集之类的书籍除了刘天华曲集、华彦钧曲集外，几乎没有其他的东西可以供二胡演奏者学习、参考与借鉴，《二胡广播讲座》的出版和讲座的播出，无疑成为二胡艺术发展上的里程碑。

《二胡广播讲座》系统地、科学地对二胡演奏技术技巧、二胡演奏的方法论进行了总结和梳理，在总结刘天华传统二胡学派，汲取江苏乃至江南地区的民族民间音乐以及二胡发展养分的基础上，博采众长，融入了全国各地二胡风格、流派、地域特色的精华，创立了二胡演奏技法理论体系，使二胡的演奏、教学达到了专业化、规范化、科学化的新的发展阶段。在 20 世纪 50 年代后，中国二胡艺术发展中历代著名的演奏家、教育家、作曲家乃至理论家都深受其影响。不仅如此，《二胡广播讲座》还培养了众多的业余二胡爱好

者，二胡能够成为中国民族乐器中发展最快、最好、最有群众基础的乐器，张韶先生和他的《二胡广播讲座》功不可没。

《二胡广播讲座》是最早的一本深入浅出地介绍二胡历史沿革及演奏方法、涵盖二胡练习曲和乐曲的著作。它既具知识性、普及性和科学性，又具条理性、规范性和系统性，从而提升了二胡的创作、演奏、教学的理论与实践。在介绍二胡历史上的名家名师方面，既介绍和诠释了刘天华、华彦钧（阿炳）、孙文明的演奏和创作，又介绍和诠释了储师竹、陈振铎、刘北茂、蒋风之和陆修棠等人的作品。在二胡系统练习曲方面，在刘天华练习曲的基础上，进一步开创了 F 调（6 3 弦）、C 调（2 6 弦）、♭B 调（3 7 弦）等各调的练习曲与具有各地浓郁风格的练习小品，这对当时二胡的演奏、创作和教学具有非常重大的意义。我们知道，刘天华和华彦钧的作品几乎全都是 1 5 弦和 5̣ 2 弦，在 20 世纪 50 年代之前，二胡只有很少数用 6̣ 3 弦定弦演奏的乐曲，正是张韶先生等人的创作、推广，使得二胡在调性使用上呈现出灵活多样、各具特色的演奏技法。在《二胡广播讲座》中，张韶先生将在中央广播民族乐团合奏及重奏中遇到的实例，也就是我们常说的乐队作品中的困难片段，作为二胡的练习曲之用，使我们在二胡的练习中取得了事半功倍的成效。这些开创性的工作，为后来全国的二胡演奏家、作曲家创作新型的二胡独奏曲，特别是 1963 年在"上海之春"二胡比赛中及其以后催生出的一大批优秀二胡作品，奠定了坚实的基础。《二胡广播讲座》还不拘一格地吸收西洋小提琴的一些演奏技巧，如快弓、跳弓、顿弓、点弓、断弓、揉弦、人工泛音等左右手技术技巧，也对二胡演奏技巧的提升，起到了极大的推动作用。《二胡广播讲座》此后多次再版，1986 年重新修改出版的《二胡广播教学讲座》在内容上有了很大的扩充，理论性更强且更具有操作性，仍然是当今影响非凡、不可或缺的二胡教材。今天，我们的二胡艺术发展到如此的高度和境界，当回顾二胡历史发展的进程时，我们永远不会忘记张韶先生《二胡广播讲座》带给我们二胡人的感念。

二、张韶先生对中国二胡艺术发展的重要贡献

张韶先生以他毕生努力，对二胡艺术的发展做出了重要的贡献。主要体现在以下三个方面：

首先，张韶先生的非凡成就体现在二胡教学上。张韶先生1980年由中国广播民族乐团调至中央音乐学院任教，30多年来，在二胡艺术教育上取得了非凡的成就，培养了刘长福、蒋才如、于红梅、姜建华、王曙亮、张连生、张玉明、张方鸣、魏晓冬、黄晨达、孙凰等一大批著名的二胡演奏家、教育家。他为培养二胡人才殚思极虑，他认真学习各地的民族民间音乐，广泛吸收南、北各种风格流派，在完善和发展刘天华二胡学派的传统基础上，与时俱进，不断开拓二胡发展的新领域，创立了系统化、科学化的二胡技法理论，并将其更加理论化、规范化。除了进一步丰富《二胡广播讲座》外，他编写了《二胡演奏法》和《二胡练习曲选》（与王国潼合作），难能可贵的是，还编创了《盲文二胡讲座与练习》，以方便盲人学习二胡。他所撰写的10多部著作，共200余万字，发行300多万册，为二胡的教学做出了重要的贡献。

其次，张韶先生的卓越建树体现在二胡演奏和创作上。1953年起，张韶先生任中国广播民族乐团的首席、声部长和二胡独奏演员。中国广播民族乐团是中华人民共和国成立后第一支新型的专业民族管弦乐团，乐团以中国江南丝竹、广东音乐和北方鼓乐吹打为基础，

形成了拉弦、弹拨、吹管、打击四个声部组，同时借鉴西洋管弦乐队的经验，在吸收前人的基础上，创造性地组成了中国现代民族管弦乐队，使中国民族乐队成为既能够与西洋管弦乐团相媲美，又富于中国民族特色的、具有特殊音乐表现力的乐团。而作为乐团首席的张韶不仅二胡演奏出色，具有全面的音乐知识和组织才能，也为我国民族管弦乐团的组建积累了宝贵的经验，取得了卓越的建树。中国民族管弦乐的发展能有今天这样的可喜局面，与张韶先生他们这代人的辛勤努力、开拓创新是密不可分的。在乐团的 20 多年中，他勤奋好学，悉心研究借鉴各种民族民间音乐，创作了《花鼓调》《大河涨水》《喜丰收》《感怀》《秧歌变奏曲》《欢乐的草原》等大批二胡独奏曲，在中央人民广播电台录制播放，并出版发行了 CD 独奏专辑。他曾先后到十多个国家进行访问演出和讲学，以其对音乐的独特理解和精湛的演奏技巧，博得了国内外听众的一致好评，为二胡的演奏、创作和我国民族管弦乐队的发展做出了重要的贡献。

第三，张韶先生在二胡改革上的丰硕成果。张韶先生的一生都在为改进二胡及二胡制作上不遗余力。正是他与乐器制作家的共同努力和研究改进，使得现代二胡真正成了一件中国式的、富于极大表现力的弓弦乐器。在此之前，二胡使用的是丝弦。而丝弦的音量、音色及耐用性等都有很大的不足。1949 年至 1950 年期间，他与张子锐先生合作，将二胡的丝弦改为钢丝弦。在张韶先生的努力下，1953 年开始，金属弦在全国范围内普及使用，这极大地提升了二胡的音质，扩大了二胡的音量、丰富了二胡的音色。此后又相继研制了铬弦、铝弦、二泉弦、汉宫弦、外缠弦；1955 年将木轴改为铜轴；1993 年研制成微调固定千斤；等等。这些自 20 世纪 20 年代吕文成改进二胡、创制高胡以来，在二胡改革上所取得的一个个的累累硕果，为二胡的制作发展，做出了重要的贡献。

张韶先生作为新中国第一代民族音乐传人，他不仅在二胡演奏和创作上具有高超的水平，在大型民族乐团的合奏中也具有丰富的经验。他刻苦钻研，不懈努力，积极推进我国二胡的系统化、科学化进程，在二胡的教学上，取得了非凡的成就。他毕生致力于二胡乐器的改革，在二胡乐器的改革制作方面，硕果累累，成为20世纪中国二胡艺术发展历程中不可多得，并有着深远影响的演奏家、教育家、改革家。

三、我与张韶先生的情缘和琴缘

1973年，我考进南京艺术学院二胡专业学习，师从瞿安华、甘涛、马友德老师。特别有缘的是张韶先生与瞿安华先生同是江苏武进人，是老乡，而甘涛先生是中国广播民族乐团的创团元老，又是江南丝竹的名家，他们自然有很多走动，甘涛先生和瞿安华先生比张韶先生年长十几岁，马友德老师则与张韶老师年龄相仿，小张韶老师两岁，因此，每每张韶先生回到江苏，一定会来看望他们两位老先生，都会与三位老师进行些二胡演奏、教学上的交流和探讨，而我就成了最得益者，因为几乎每次三位老师都会让我向张韶老师做教学汇报，让他给予指导。我记得有一次马友德老师让我汇报最近教学练习的乐曲《无穷动》，当我以每分钟180拍的速度演奏完后，张韶老师一方面夸奖，一方面又叮嘱我："重视技术技巧的训练非常重要，非常必要，但一定要记住，这只是器乐教学和演奏中的手段，而目的应该是情感的表达和音乐的内涵，技术手段永远是用来为音乐内涵服务的，二胡作为中国的民族乐器，更是如此。此外，还必须注重民族民间音乐的学习，重视中国戏曲、民歌的学习，你生在江苏，长在江南，尤其要重视对江南丝竹的学习。"一席话，使我领悟到：技术技巧、民族语言、音乐内涵三者一定都要重视，决不可偏颇，决不能顾此失彼。

1975年，我大学三年级时，被省里选拔赴北京参加"全国音乐独奏、重奏、独唱、重唱调演"，演奏了我根据现代京剧《杜鹃山》中唱段"家住安源"第一次编创的二胡独奏《家住安源》。在北京演出时，张韶先生专门赶来观看演出，并对我的演奏上注重中国戏曲、注重二胡的声腔化和歌唱性，以及在学生期间就能进行二胡曲的编创给予了极大的鼓励，使我深受感动。从南京艺术学院毕业后，我进入江苏省歌舞团工作。1979年10月，我随团赴北京参加国庆30周年献礼演出，在北京期间，我请张韶老师给我上课，张老欣然应允。当我向张老汇报演奏了我自己创作的《苏南小曲》和《欢庆锣鼓》（获得了文化部颁发的创作二等奖）后，张老非常开心，对我把江苏的戏曲音乐运用到《苏南小曲》、把江南十番锣鼓运用到《欢庆锣鼓》创作中的做法给予了充分的肯定。接着他又对乐曲进行了仔细地分析，对不足之处提出了修改意见，还在演奏上对我提出了进一步的要求。他鼓励我、教导我一定要发扬江南风格，坚持走特色之路，使我得到很大收获。1982年，我赴武汉参加"全国民族器乐独奏比赛"，演奏了《江南春色》和《二泉映月》，并获得了优秀表演奖（二胡第一名），张韶老师十分高兴。赛后离开武汉的前一天，张老把我叫到房间，对我以江南民歌素材和江南丝竹手法运用到《江南春色》的创作中热情赞扬，又对乐曲中的不足，特别是中段的音阶练习式的部分提出了意见，希望我再做进一步的修改加工，我非常感动。1984年，我录制了以《苏南小曲》为题的第一盘二胡专辑盒式磁带，由中国唱片公司广州公司出版发行。在录音前，我即对《江南春色》进行了修改，以管弦乐、钢琴和民乐色彩乐器的重新配器。专辑出版后，受到了听众和二胡爱好者的欢迎。不久，当我把《苏南小曲》的盒式磁带送给张韶老师时，张老听了，非常称赞，给予我很大的鼓励。

　　张韶先生出生和早期成长在江南这个二胡发展历史上最具有渊源的人文环境中，所以对二胡的江南风格特色情有独钟，有着割舍不断的情结。他曾跟我说过他关于二胡艺术发展的一些观点，他认为："胡琴的特点可划分为南（江南）、北（北方）、刘（刘天华）、阿（阿炳）、蒋（蒋风之）、秦（陕西、西北）、粤（广东）等七个风格流派。而在七个风格流派中，江南风格流派对二胡的发展举足轻重。因此，发扬光大二胡的江南风格特点，形成新江南风格流派，十分重要。你在江南，基础条件和人文环境得天独厚，一定要不断努力，要成为江南风格的主要代表。"按照张韶老师的教导和嘱托，后来我不断以江苏、江南的音乐素材，创作了一系列如《扬州小调》《水乡素描》《五月春潮》等颇具江南风格和地域特点的二胡和民族器乐的乐曲，张老听了不但充分肯定，还让他的学生，让一些从日本、新加坡、台湾、香港等地的二胡学生到我这里来学习这些乐曲，并对他们说："学二胡，一定要学习一些江南风格的乐曲。学江南风格的乐曲去找朱昌耀学就好。"这些赞誉，使我十分感动，又激励我更加地努力，不断地追求。受张老重视二胡普及工作的启发，我针对二胡爱好者改编创作并录制了《中国民谣二胡》《台湾民谣二胡》《世界名曲二胡》《日本名曲二胡》等 CD 专辑，并配以伴奏带和乐谱出版发行，他看到非常高兴，对我说："二胡是中国的民间乐器，是老百姓喜爱的乐器，我们在不断追求二胡艺术提高的同时，一定要多想到广大人民群众和那些二胡爱好者，要多创作一些既能够让他们欣赏，又能方便他们自己学习演奏的喜闻乐见、雅俗共赏的二胡作品。"这些对二胡艺术发展具有指导意义的非常重要的教导，使我受益匪浅、至今难忘。

张韶先生具有高尚的人品和道德情操，他为人诚恳、热情谦虚、乐于施教、诲人不倦。四十多年来，他对我的教导，充分体现了一个长者和伯乐的风范，使我永远铭记。在纪念张韶先生90周年诞辰之际，我们不会忘记，是他创建并担任了20年会长的中国音协二胡学会，使我们有了发展二胡演奏、创作、教学研究和交流的平台；我们不会忘记，在二胡艺术取得巨大成就和发展如此之好的今天，他以对事业的执着追求和对二胡艺术奉献的情怀，给我们留下的宝贵财富；我们更不会忘记，他在二胡的教学演奏、创作理论和乐器改革所取得的重大成就，对中国二胡艺术发展所做出的重要贡献！让我们深切缅怀他的丰功伟绩，为中国二胡艺术屹立于世界艺术之林，为更好地传承发展中华民族优秀传统文化，做出更大的贡献！

2017年4月25日于北京中央音乐学院

朱昌耀 中国二胡学会副会长，江苏省文联副主席、音乐家协会主席。

怀念敬爱的张老师

◎ 张连生

由于受哥哥的影响，我从 8 岁起爱上了二胡。15 岁那年，经中央广播合唱团副团长王惠年介绍，我认识了张韶老师并开始正式跟他学习胡琴。之前我一直跟着《二胡广播讲座》自学，张韶二字对我来说早已是大名鼎鼎，如雷贯耳，仰慕已久。没想到幸运的成为他的学生，对我这样一个酷爱二胡的人来说，真是莫大的幸福。

1972 年我初中毕业到农村插队，每天干着又苦又累的活儿，一天下来真的不想动了，但老师的嘱咐时时响在我的耳边，我咬着牙坚持每天收工后练琴两个小时，从无间断，以顽强的毅力坚守着对二胡艺术的热爱与执著。功夫不负有心人，我终于迎来了自己的春天，1975 年，我考入中央广播民族乐团，至此，我既是张老师的学生，又是他的同事，从此以后，我可以每天在老师身边工作、学习，心里别提多高兴了！张老师不仅教我琴艺，还教了我许多其他东西。那时老师经常自己编写教材，于是我就成了老师的得力助手，如何刻蜡版，如何油印教材，如何装订成册，老师手把手地带我，一样一样地教我，让我觉得跟老师在一起总是浑身充满干劲。在艺术上，老师严格把关；在生活上，老师也是有要求的，他禁止学生吸烟，在这一点上，我非常感谢老师，他使我的一生都以健康的方式生活着。老师如同父亲关怀着他的每一个学生，他那慈祥的爱，让我们觉得那么温暖。

张老师在专业上有着很高的艺术造诣，他很重视音乐演奏的"美"。这个"美"，不单是对音乐如何处理，感情如何表达，演奏者如何全情投入，而是全方位的舞台形象艺术化——如何持琴，如何走上舞台，演奏时的坐姿，两条腿如何放；如何在舞台上微笑，如何谢幕鞠躬，一招一式都要讲究，都要一丝不苟，不得马虎。老师要我回家对着镜子练习，既不能绷着脸，也不能咧着嘴大笑，要恰到好处的微笑。老师的这些要求使我日后在舞台上一直保持良好的台风，让我受益匪浅。22岁那年，我成为广播民族乐团副首席和独奏演员，之后又成为乐团首席。1987年，在世界第一部关于中国民族管弦乐音乐的纪录片中，我担任了所有二胡、高胡独奏及领奏。1993年，乐团在北京音乐厅隆重举办纪念活动，纪念民族音乐家华彦钧100周年诞辰暨中国广播民族乐团成立40周年，我在音乐会上独奏阿炳的传世之作《二泉映月》，随乐团出访了数十个国家和地区，并且也有了很多自己的学生，这些荣誉都是老师带给我的，没有老师就没有我的今天。虽然老师离开了我们，但他的恩情永远不能忘记，他的教导永远牢记心间。

张老师是一个非常开明的、心胸豁达的人，他从不把学生拴在自己的圈子里，而是让我们走出去。他抓住一切机会亲自介绍我们去跟其他演奏家学习。他认为二胡要发展，就要借鉴和学习其他多种艺术形式，演奏者之间要相互学习、取长补短，所以除了张老师之外，我还先后向刘明源、甘柏林、王国潼、闵惠芬、许讲德、蒋才如、周皓等老师学习，这都是张老师介绍我去的。我从他们那里学到了很多东西，开阔了眼界，丰富了知识，终身受益无穷。从张老师身上，我体会到了他那博大的胸襟，感受到了他的大爱与情怀！

我将忠实于老师的艺术思想和艺术理念，追寻老师的足迹，终生致力于中国民族音乐教育，不负老师的在天之灵。

怀念张老师……

2018 年 5 月于日本大阪

张连生　中国音乐家协会二胡学会理事，日本中华文学艺术家联合会名誉会长。

二胡界的楷模 真正的艺术大师

——记张韶先生

◎ 郝殿斌

张韶先生是胡琴界的榜样，我跟随他20多年，很了解他。他把全部精力都投入到二胡事业的发展中。在《华乐大典》二胡卷（文论篇）里有我写他的一篇文章，题目是《张韶的二胡艺术成就与贡献》，对张韶在二胡事业上的贡献做了较为全面的总结。

张老师的确是一位难得的艺术家，是二胡发展史上的里程碑人物。他培养出众多的二胡演奏家，指导了不计其数的二胡人；他编著的《二胡广播讲座》及后来的《二胡广播教学讲座》《二胡演奏法》等十几本书，发行量达300多万册，影响了几代二胡人；他牵头编写了首套《二胡业余考级》教材，推动了二胡考级活动，促进了二胡的全面普及；他的著作还大大地影响了海外华人居住区和港澳台地区，他们都视《二胡广播教学讲座》为珍宝，此书被翻译成日文在日本出版，还曾多次被盗版印刷发行，对此，张老师的态度是：只要对二胡的普及有益，盗就盗吧，不必追究；他组建了二胡研究会（中国二胡学会的前身），是首任二胡学会会长，在二胡学会工作20年，后来任名誉会长、顾问，他团结起了全国二胡人，组织了多次二胡大赛及学术研讨交流活动，发现和培养出众多二胡杰出人才；他组织开展全国二胡考级活动，有力地推进了二胡的发展，也为后来的二胡考级工作奠定了基础，积累了经验；他积极改进二胡，形成现在的形制，如金属弦、机械轴、固定千金等，这些改革和发明大大地提高了二胡的音量、音质和音色；他率先归纳、整理、论述了二胡演奏技法理论，使二胡走上了科学化、规范化之路；中央广播民族乐团成立之初，他就任乐团的声部长、首席，和彭修文等一起为中国民族器乐合奏曲的创立和乐团的建设做出了突出贡献。他是集演奏、教学、著书、改革乐器、创新理论、组建学会、组织活动于一身的全面的杰出的艺术家，是闻名海内外的真正的二胡艺术大师。

张老师很谦虚、很低调，从来不吹嘘自己，也不自称为大师。他首创了二胡技法理论体系，发表了几十篇二胡文章，举办了多次二胡讲座，特别是从 20 世纪 50 年代至 80 年代，在中央广播电台举办多期二胡讲座等等，这些成就足以证明他是位真正的二胡理论家。我在给他写传记时称他为理论家，他谦虚地说不要这样提，还差得远。由此，就可以看出他的人品和艺德。他教过的学生和指导过的二胡人无数，热情、耐心、精细且不计报酬是大家的共识。他热爱学生如同自己的孩子，对家庭经济困难的学生还经常提供帮助，许多学生不仅视他为老师，而且视他为慈父或挚友。他实属二胡界的楷模。

我与他相处多年，他各个方面都深深地打动了我，感染了我，使我一个业余二胡人为之着迷。他的人格魅力、终生坚持学习和勤奋敬业的精神、和蔼耐心的教学态度、发自内心充满爱心的谆谆教诲、丰富的教学思想、灵活的教学方法永远激励并指导着我前行！

总之，张韶先生的二胡贡献不是几篇文章能够叙述完的，他的艺术宝藏值得二胡界的专家及二胡爱好者们去挖掘、梳理、总结、研究、学习。

在纪念他 90 周年诞辰的日子里有感而发，写此短文以纪念我的恩师、挚友张韶先生。

原文发表于《中国二胡》第 54 期，2017 年 5 月 15 日

郝殿斌 从事教育工作，曾任河北省赤城县文教局副局长，北京市延庆县教育科学研究中心副主任、党总支书记。

怀念父亲张韶

◎ 张　苏

　　时间过得真快，一转眼，父亲已经走了两年多了。在八宝山梅厅送别父亲，与父亲告别的场景仍历历在目。这两年多来，我的生活内容始终是与父亲息息相关的：我整理他的音乐资料，翻看他的音乐书籍，重读了他的著作，将他生前演奏过的几十首二胡曲制作成 CD。我倾听着父亲生前演奏的那些乐曲，房间里摆放着他老人家的大照片，每天都可以看到他那亲切而慈祥的面容，总觉得他仍旧与我们在一起。

　　在长达 20 年的时间里，我和音乐界是完全隔绝的。现在父亲走了，面对他留下的这么多资料，我开始了独自对音乐的访问旅行，我用了一年多的时间去了解父亲的一生。做他的女儿 60 年，今天，我才真正走入父亲的世界，此时的心情真的是五味杂陈、百感交集。我曾经试图远离的这个圈子，没想到如今又转回来了，我不禁在心里问自己：难道，这是上帝的旨意吗？

　　父亲出生在江苏，这里被人们誉为二胡艺术家的摇篮。父亲是常州人，在距他 80 里的江阴，诞生过一代国乐大师刘天华。无锡则是华彦钧的故乡，地方虽小，但瞎子阿炳和他的《二泉映月》，却使这个秀美的小城闻名天下。一向盛产紫砂壶的宜兴，又孕育出两位刘天华先生的大弟子——储师竹和蒋风之。他们今生都是要与二胡结缘的。父亲说过，他的启蒙老师就是那些行走在乡间的盲艺人，为了听那些优美的音乐，年幼的父亲常常跟随着他们走遍附近的七八个村落，特别地迷恋。

1946年，南京国立音乐院在上海招生，父亲就跑到上海去应考。当时杨荫浏先生是主考老师，他慧眼识珠，在众多考生中发现了我父亲，于是，父亲幸运地成为那一年唯一被录取的二胡学生，而杨先生也成了父亲的音乐理论导师。入学后，父亲再次幸运地成为刘天华弟子储师竹的学生，跟随他学习二胡。大学二年级时又向曹安和学习琵琶，向曹正学习古筝。1950年秋，父亲又向高步云学习昆曲和三弦。父亲在进入中央广播民族乐团工作后，又拜蒋风之为师，学习蒋派艺术演奏风格。

1950年1月，储先生与夫人到常州过春节，受当地朋友的热情邀请，储先生在恺乐中学礼堂举行国乐音乐会。当时储先生带领着他的学生张韶、蒋咏荷演奏了二胡三重奏《长夜曲》，那深邃的意境、缠绵的旋律，令全场为之感动。就在这个音乐会上，父亲还表演了二胡、琵琶、古筝三种乐器的独奏，展现了他的音乐才华。父亲是很勤奋的，他只用了一年的时间，就学完了刘天华的10首独奏曲和47首练习曲，储先生是既高兴又惊讶，他曾对夫人说："我一生中教到最好的学生就是俞鹏和张韶了。"

储师竹曾追随刘天华先生学习九年，继承了刘天华开创的二胡学派，以一代二胡演奏家的身份蜚声乐坛，并创作有大量的歌曲和器乐曲，1949年后任中央音乐学院民乐系主任、教授、研究部研究员，1955年11月30日与世长辞。可惜储先生生前未能留下任何演奏录音，不能不说这是个遗憾。1981年，在储先生80周年诞辰的时候，父亲带着我和另一个学生，到中央人民广播电台录制了储先生创作的《长夜曲》。我知道，这是父亲对老师的怀念，也是作为对储先生的纪念。现在，我非常感谢储先生，感谢先生的这首曲子，因为是它让我有机会与父亲合作演奏同一首乐曲，这种合作让我觉得无比珍贵和幸福，成为我心中永远的珍藏与怀念。它是我的至爱，因为对于我来说，它是唯一的；对我和父亲来说，它又是永恒的。每次听到它，就仿佛穿越了时空，又与父亲在一起了。

父亲的一生始终与他所钟爱的二胡事业紧密相连。他的热情，他的智慧，他的才华，他的时间与全部精力，都献给了他所挚爱的音乐事业，献给了他深爱的学生们。如果有人问我儿时对父亲的记忆，我会老实地回答：没有。大了以后知道，那时父亲太忙了，排练、演出、录音、写书，在中央广播电台搞二胡讲座，出国访问演出，给学生上课，甚至被派去参加人民大会堂的国宴，总之，日程总是安排得满满的。

记得我妈妈曾说过，那时因为爸爸经常很晚才回家，总是在半夜三更按门铃，传达室的人都有意见了，说是影响他们睡觉。于是，父亲将门铃接到了家里，他再按铃时，就由我妈妈出去给他开大门。可见，父亲是没有办法顾及我们的，他也没有多余的时间分配给我们。近来，我常在脑海里努力地搜索，想找出父亲曾经带着儿时的我去游玩的经历，可惜，我的努力是徒劳的，我的搜索也没有任何结果。

一直到了"文革"，我才有了第一次关于父亲的记忆。当时，我妈妈随着她所在的单位北京人民艺术剧院被下放到南口农场，我两个哥哥也都成了知识青年，分别去了内蒙古和黑龙江。而父亲呢，则与广播民乐团一起被赶到了河南"黄泛区"，当时他和同事们都以为这辈子不可能再搞音乐了，准备在那里扎根，当一辈子农民了，因为，他们的户口也一同被迁到河南去了。一时间，家里只剩下一个小小的我，每天吃食堂，一个人过生活，那年我不到10岁。

有一天，我忽然接到爸爸从河南寄来的一封信，信里面这样写道："……我在这里很艰苦，每天劳动要干很多活儿，到了晚上总是饿得睡不着觉。你给我炒一些油炒面吧，炒好后寄给我，我用开水一冲就可以吃了，这样也就能入睡了……"大家都知道，那是个"极左思潮"泛滥的年代，我曾经亲眼看到父亲的办公室门上被贴了大字报，也亲历了大作家曹禺先生单腿站在台上被批斗的场面，所以早就学会了所谓"分清是非、爱憎分明"。

于是我这样回复他："爸爸，接到您写来的信了，您信中说要我给您寄油炒面。现在可是'文革'，您在那里应该好好地劳动，接受改造，怎么还能提出来要油炒面呢？希望您认真改造思想，别再想油炒面了！……"当时我认为，自己是很真诚地在帮助一位革命同志，但信寄出后，我心里还是犯嘀咕：没寄油炒面，爸爸一定会生我的气吧？没想到爸爸居然很快就给我回了一封信，他说："女儿，你批评得好，我这样做是不对的，是资产阶级思想的表现，我一定好好改造……"

这就是我与父亲的第一次通信，所以印象极深。多年后回忆起这件往事，心中很是不安，很是耿耿于怀。父亲的要求并不算高，但我却没有满足他，而是以所谓革命的大道理拒绝了他，现在想来觉得很悲哀，实在不应该啊！可见，人都是脱离不了他所生活的那个大环境、大背景的，多多少少都是要被打上时代烙印的。

1974年，我参军成为一名文艺兵，也就是从那时起，我家逐渐成为二胡界的艺术沙龙，人来人往，热闹非凡，当时在全国有影响的二胡家们几乎都来过。当年的他们可以说是意气风发、豪情满怀、心有梦想、踌躇满志。那时大家都很团结，以琴会友，以诚相待，

58

谁有什么新技术或新曲子，都会在沙龙里表演一番，相互取经，交流心得，切磋技艺，对于二胡事业的未来，他们都有着无限的展望与期盼。谁出差到北京，都会来二胡沙龙里探询一番，遇到老友相见，更是喜不自胜，体现出天下二胡人一家亲的感觉。现在回想起来，觉得那真是一段美好的时光，令人难忘，也令人怀念。我知道，父亲是希望全体二胡人精诚合作，发展二胡事业，向着天华先生提出的"团结同仁，发扬国乐，以期与世界音乐并驾齐驱"的方向共同去努力！

1973 年，江青组建了一个中国艺术团，主要任务是出国访问演出，宣传中国的民族民间音乐和文化艺术。闵惠芬从上海被抽调到这个团担任二胡独奏，所以常年待在北京。只要没有排练演出，她就跑回我家来住，那年她才 28 岁。在我的印象里，父亲与闵惠芬的谈话主题，似乎永远都是二胡和音乐，闵惠芬在演奏中遇到什么问题，可以随时向她的张伯伯讨教一番，她的一些困惑也总能得到张伯伯的圆满答复与解决。我认为他们有一个共同点，就是都有些超凡脱俗，都很纯粹，不太关心复杂的人际关系，所以他们能够全心全意地投入到事业中去。对他们来说，二胡是天，他们的双脚始终牢牢地踏在中国民族音乐这片土地上，为之努力，为之奋斗，直到生命之火熄灭的那一天。

父亲在 70 年代初第一次看了许讲德的演出后大为赞赏，评价她的演奏"音色圆润，音乐流畅，揉弦优美，歌唱性强，而且台风清新活泼，自然大方，一点儿也不呆板"。于是他号召广播民乐团的人都去看许讲德的演出，学习她的优长。父亲就是这样一个人，看到人才总是大力举荐，完全没有私心。包括后来父亲竭力推荐将王国潼从外地调到广播民乐团，把自己坐了 20 年的首席位置也一并让给了他，父亲的这种胸怀实在令人佩服！即使遇到以怨报德，他也不计较，总是顾全大局，体现出极高的自身修为和涵养。

应该说从 70 年代至 90 年代，是父亲思想最为活跃的时期，也是想法最多的时候。在这期间，他编写和出版了大量的二胡教材；发起成立了二胡研究会；创办了《二胡研究》专刊；举办了全国首届二胡大赛；研制出二胡微调固定千斤，可谓功绩卓著，成就斐然。光是 70 年代期间，他就编写及出版了《二胡演奏法》《二胡练习曲选》（第一集与第二集）、《二胡练习曲》（第一集与第二集）、《二胡独奏曲》（第一集与第二集）、《盲文二胡讲座与练习》《二胡知识与欣赏》《二胡广播教学讲座》等多本著作。

我觉得父亲是一个特别善于钻研和富有创新精神的人，他不因循守旧，也不墨守成规，因此他的思想里总是有闪光的东西迸发出来。1956 年，他受中央人民广播电台之邀，举办了绝无仅有的二胡广播讲座，从二胡的历史及演变过程一直讲到二胡艺术的发展和各种技法，以及如何练习等等。1980 年再次受邀搞讲座，在中央台各套节目里先后重播了六次，受到广大听众的热烈欢迎及广泛好评，无论是专业工作者还是业余爱好者，都能从中受益。

当年刘天华先生在先进的民主思想影响下，立志"音乐救国"，他对民族器乐，尤其是对二胡的演奏进行了大胆的改革及创新，使二胡这件乐器从民间说唱走进了艺术殿堂，从伴奏的附属地位转而变成了独奏的主导地位，应该说他对民族音乐的巨大贡献是具有历史性和开拓性的。可惜天华先生英年早逝，没有来得及形成系统的二胡理论体系，留下了遗憾。所以父亲就曾经说过："我作为刘天华先生的再传弟子，有责任去实现他的遗愿，完成时代赋予我们的历史使命。"父亲兑现了自己的诺言。1959 年，父亲编著出版了我国第一本二胡教科书《二胡广播讲座》。在这本书里，他率先创建了刘天华二胡学派的技法理论体系，填补了这项空白，使二胡教学从此走入专业化、系统化、科学化、理论化的轨道，成为二胡发展史上一个新的、重要的里程碑，对于二胡教学的普及、提高和发展起到了巨大的推动作用，对于二胡理论的形成及发展也起了至关重要的作用。因此，这本书的问世，可谓意义非凡！这是父亲一生中为我国二胡事业做出的最为重要的贡献，它具有划时代的意义。

《二胡广播讲座》这本书共分四个部分，第一部分是绪论，第二部分是技法，第三部分为练习曲，第四部分是独奏曲。全书总共 121 页，理论部分 42 页，约占全书的三分之一多，从二胡的起源至二胡的演变发展，二胡演奏技法及演奏中所遇到的各种问题，书中都做出详尽论述，被认为是二胡书籍中最详细、最权威的专业著作，同时也被许多人称作"二胡大全"。

1989 年，这本书第三次再版的时候，更名为《二胡广播教学讲座》。随着时代的变迁，书中的内容与 1959 年和 1964 年那两版相比，有了很多不同，特别是练习曲与独奏曲部分有了许多更新，总字数达到 48 万字。父亲在编写的时候力求系统和全面，既适合广大业余二胡爱好者，又为专业二胡工作者提供了许多二胡理论知识和一大批较好的练习曲，一共有 222 首，其中包括民歌、歌曲和独奏曲。

父亲的这本书先后共出版过三次：第一次是 1959 年由上海文艺出版社出版的《二胡广播讲座》；第二次是 1964 年由上海文化出版社出版的《二胡讲座》；第三次是 1989 年由上海音乐出版社出版的《二胡广播教学讲座》。巧合的是，这本书也先后被盗版了三次，由香港信成书局和台湾学艺出版社等书商大量盗印销售。一位跟我父亲学琴的台北市立国乐团的学生曾对我说，他们在校学习期间所用的教材就是这本《二胡讲座》，在台湾各城市书店里都可以买得到，每本售价 300 元新台币，纸张比大陆版的要好很多，所以他们基本是人手一册。听她这么一说，我真是觉得有点儿哭笑不得，对于这些盗版书商，我们是应该谴责他呢，还是该感谢他呢？

由此可见，以前的二胡书籍是多么得少，以至于盗版书畅行于港澳台，甚至远销到美国、法国等地。而这本书在国内销售的情况是，店里不到一个月，就卖光了。有的地方甚至一周之内就被抢购一空。2010年，经父亲同意，《二胡讲座》由在中国学习二胡的日本学生翻译成日语，在日本出版了，分上下两卷。可以说父亲的二胡著作销量是最大的，仅在国内就达300多万册。而境外则多属于盗版，其印数就无法估测了。在1949年后很长一段时间里，二胡演奏者们所用教材基本都是《二胡广播讲座》，包括港澳台甚至东南亚的二胡教学也都是用的这本书，可见其影响之深、之远、之广，培养和造就了几代二胡人！

中国音协副主席、著名音乐评论家李凌先生在《二胡广播教学讲座》的再版序言里这样写道："张韶这些年来，差不多把心血都用在二胡事业上了。他的功绩之一是较早地（50年代中期）创立了较系统的二胡技法理论。而这些理论影响和指导着二胡的演奏和教学。他不仅是一位民族音乐家和教育家，又是一位早在50年代就出名的表演艺术家，又具有一种革新的思想，并一贯虚心好学。由他编著并反复完善的这本书，无疑是一本很有价值的、比较理想的二胡教本。"

在父亲近70年的艺术生涯中，是一直致力于二胡革新的。早在1948年至1949年期间，当时父亲是中央音乐学院民族乐队首席，他与乐队同仁共同研究，想把二胡的丝弦改为钢丝弦，一开始将小提琴弦和扬琴弦放在二胡上试用，效果比丝弦要好些，但还不理想。大家知道，乐器改革及乐器配件的制作都是极其专业的一项工作，它需要场地、设备、材料和技术，可是就连当时的乐器厂都没有专业制弦设备，就更不要说中华人民共和国成立初期的音乐学院了！二胡金属弦的里弦是缠弦，需要高度精密操作，没有机器是无法制作的，以当时音乐学院一穷二白的条件，要想完成这样的任务是根本不可能的，况且这项改革是离不开专业制弦师的支持与帮助的。所以到了50年代初期，父亲又与北京民族乐器厂的专业制弦师多次研究试验，终于研制出了二胡专用金属弦，这种弦的外弦，用的是25忽米的钢丝，内弦则用40忽米的金属缠弦，演奏起来声音宏大，音质纯净，刚健明亮，很有时代感。之后三年左右的时间便推广到了全国。应该说这是一次具有历史意义的重要改革，它使二胡的音质、音色及音量都有了一个质的飞跃！

后来父亲又与其他制弦师相继研制了铬弦、铝弦、二泉弦、汉宫弦、外缠弦等等。1973年，父亲与李宝恒合作，研制出"拉杆式"铜轴，解决了调音不便的问题。到1993年他66岁的时候，又研制出较为理想的微调固定千金，解决了内弦推弓时，音高偏低5音分至11音分的物理上的毛病。这一系列的改革成果在很大程度上极大提高了二胡的表现能力、演奏技巧与演奏水平，丰富了二胡的音色，扩大了二胡的演奏范围，使得二胡这件乐器从整体上更加科学和完善。

其实早在20世纪20年代，刘天华先生在北大教授音乐的时候，他就曾经设想过在二胡上使用金属弦，只因为先生英年早逝，这个大胆的创意才没有来得及实现。如今，父亲与后人们经过共同的不懈努力，终于完成并实现了先生未竟的遗愿，如此，可以告慰先生的在天之灵了！天华先生胞弟刘北茂先生生前对父亲寄予厚望，曾对他说："你的责任重大，你担负着承上启下的历史重任！"值得欣慰的是，父亲没有辜负前辈的嘱托与信任，他与同仁们在二胡事业的发展与创新上一直努力奋斗着，并取得了丰硕成果。

1982年，父亲与陈朝儒、周耀锟等人，率先发起并成立了中国第一个器乐组织——北京二胡研究会，使成千上万的二胡人从此有了自己的组织；父亲创办了第一个器乐专刊《二胡研究》，这是中国民族乐器有史以来的第一本专门刊物，他亲任主编；他是二胡研究会的首任会长，任期长达20年；他带领二胡研究会举办了全国首届二胡大赛，很多青年演奏家从此脱颖而出！凡此种种，不胜枚举。

从父亲担任全国第一届二胡比赛评委会主席算起，这一生参加过的国内外二胡大赛评委工作不计其数，所以他的内心是别有一番感触的，他说："担任评委工作责任重大，也很辛苦，但几十年来的实践证明，比赛的开展大大加快了艺术的发展，不但能迅速推动演奏艺术的提高，培养和发掘一批批人才，而且极大地促进了创作和教学。比赛就像是带动艺术发展的火车头，是繁荣艺术的捷径。"我想，这也应该是他对音乐比赛的一种总结吧。

对于《二胡研究》这本刊物，父亲情有独钟，非常重视。他认为，多年来对于二胡艺术的理论研究要远远落后于实践，一度导致重技巧、亲西化、偏离民族音乐传统的倾向。他说，当年刘天华先生在江阴搞"国乐研究会"的时候就提出"目前急于举办的事，首先要刊印音乐杂志，这是我们提倡音乐的重要工具"。可见天华先生对于音乐理论的研究是多么地重视！所以父亲曾放豪言："办好《二胡研究》这个刊物，应是吾辈天职，弘扬中国民族艺术是我们的历史使命！"

父亲的一生深潜于二胡事业，精心专研于二胡的艺术与技术，挖掘并创新了多项二胡的"软件"与"硬件"。他将毕生精力都奉献给了中国的民族音乐事业，勤奋努力，甘于奉献，即使到了晚年，也还在践行着"活到老、学到老"的诺言。可以说他是中国民族乐坛上集二胡演奏、教学、著书、革新于一身之大成者，因而，他在二胡艺术发展史上有着极其重要的影响。

从1953年到1973年，父亲在中央广播民族乐团担任首席、声部长及独奏演员，这是我国最早成立的大型民族管弦乐团，父亲是这个团的第一任首席，也是乐团的元老和奠基人之一。1957 年，父亲去莫斯科参加第六届世界青年联欢节室内乐比赛，获得金质奖章；1959 年又受文化部指派赴维也纳参加第七届世界青年联欢节，他首演了《拉骆驼》《花鼓调》及《山歌》等曲目，并先后在中央人民广播电台录制了 21 首独奏曲，其中几首还灌制了唱片。除此之外，父亲还创作有《花鼓调》《大河涨水》《喜丰收》《感怀》《秧歌变奏曲》《欢乐的草原》等乐曲及 60 多首二胡练习曲。与此同时，父亲开始研究阿炳、陈永禄、孙文明等流派特点，并先后向王兰英学习锡剧，向陈永禄、周皓、沈凤泉学习江南丝竹，向朱介生学习沪剧，向党希光学习碗碗腔，向朝日学习蒙古族四胡，向陈少武学习京韵大鼓等各种民间音乐和戏曲、说唱音乐，在兼收并蓄、融会贯通的过程中，逐渐形成自己的演奏风格。中国音乐家协会副主席李凌先生曾在《中国青年报》上撰文写道："张韶的二胡显然有很大发展，我认为他是青年人中最成熟的一位。他的二胡用钢弦，声音准确，行腔敏锐，清脆健美……我特别喜欢他的《拉骆驼》，抒情性很强，意境也深。他的演奏感情细腻，富于歌唱性，音色优美、圆润，走句流畅，感情真挚，朴实无华，乐曲处理恰如其分。"

父亲除了学习这些地方戏曲和民间说唱外，我发现他所编著的《二胡广播讲座》里面的练习曲，也大量采用了民间音乐，如湖南民歌、云南民歌、江南民歌，凤阳花鼓、玉溪花灯调、黎族舞曲、西藏舞曲，《鄂伦春小唱》《黎族舞曲》《梅花三弄》《筷子舞曲》，【小开门】【钻烟筒】等等，可以看出，他对这些民间音乐是非常重视的，关于这一点，他在一篇写阿炳的文章里也是有所表述的。父亲是这样说的："阿炳生活在劳苦大众之中，浸身在民间音乐的海洋里，他广泛而深入地继承传统，有着广博而深厚的民间音乐基础，可以说他是在地地道道的民间音乐里泡大的，他是继承民族民间音乐的典范。他不但精通道教音乐、法事音乐，并对苏南一带的丝竹乐、梵音、十番锣鼓和其他民间音乐、戏曲、民歌、小调等都很熟悉。从阿炳创作并演奏的 6 首乐曲来看，无论是旋律、曲式和演奏的风格，都是深深扎根于民间音乐的。"

1934 年，热衷于提倡民族音乐的俄罗斯作曲家齐尔品到中国旅行的时候，曾自己出资征集中国风格的钢琴曲，他说，中国的音乐越具有民族性，就越能在世界音乐中占有一席之地。由此可见，对于音乐的民族性，艺术家们是有着共识的。都说越是民族的，就越是世界的。所以，根在，音乐就在；根若断了，民族性也就不存在了。

父亲一向很重视器乐演奏的音乐表现，强调音乐内容与形式相统一的审美观。他认为，要把作品演奏得生动有光彩并深切感人，是二胡演奏艺术中很难的技艺。父亲很崇尚古人关于练琴的一些美学观点，如明代徐上瀛的《大还阁琴谱》总结的"二十四法"，即：和、静、清、远、雅、丽、润、圆等；再如冷谦的《琴声十六法》则是：轻、松、脆、洁、幽、奇等。父亲认为，这些都是古人给我们留下的宝贵遗产，是对表达乐曲情感的很好的总结，今人应认真用之。

在我看来，其实父亲的演奏就突出了"清、脆、远、恬、逸、雅"等字，比如他演奏的《拉骆驼》，第一段和第三段的慢板非常地舒缓、悠远、飘逸而恬静，中间的一段小快板则轻松而欢愉，整首乐曲显得很有意境，十分唯美，听者仿佛置身于广袤的草原，一行骆驼身系驼铃，悠然地前行着。而他演奏的《喜丰收》则完全体现了另一种情绪，一开始就表达出热烈、欢快、喜庆的气氛，中间还穿插了拟人的对话演奏，让人感觉诙谐而幽默，一派丰收景象。他很强调"奏轻时要用感情，奏重时要会用气"，表情应用要自然，"不能过分夸张或斧凿过甚，要避免矫揉造作之感"。

著名作曲家马可先生曾以《二泉映月》为主题发表过一篇文章，父亲在广播电台搞二胡讲座的时候，曾经引用过马可先生这篇文章中的一段话，马可是这样说的："这个曲子虽然题名《二泉映月》，但它不是以写景为主。阿炳一生遭遇了如此不平和坎坷的命运，曲中寄托了他自己的生活感受，深切地抒发着内心的感触和顽强自傲的生活意志。我们不要忘了他是一个双目失明的人，凭着失明以前对于故乡山河景色的记忆，用乐器来抒发人生中的苦难与欢乐，到处去寻找知音。默默出现，又在刚看到新生活时，遗憾地逝去，这不能不令人产生'曲终人不见，江上数峰青'的感触。"

　　对于马可先生的这段话，父亲是很以为然的，他曾在一篇文章中这样写道："……在阿炳的琴声中，既有感叹自己生活的悲怆，亦有寄托着对未来美好生活的憧憬和向往。这错综复杂的生活经历和思想感情交织在一起，凝聚在他的琴弦上，贯注在他的乐曲中。阿炳演奏的《二泉映月》可以说是他的艺术结晶，表现了他饱经风霜、漂泊坎坷的一生，揭示他辛酸悲恸、感伤愤懑的内心情感，展现出他坚毅自信、刚直倔强的气质。这些都是阿炳在演奏上的精髓。阿炳在生活道路上虽然遇到重重困难，但他对生活的态度是积极和顽强的。多年来他在黑暗中奋斗、挣扎，并敢于用音乐向权贵和邪恶势力做抗争，确有硬骨头精神，这是难能可贵的。"

　　我一直觉得阿炳是一个典型的悲剧人物，他出生在那样一个充满战乱与动荡的腐朽年代，又有着那样一个不幸而悲惨的身世，他的经历练就了他的音乐才华，能够演奏多种不同的乐器，掌握多种风格的曲调，正是这些种种的因素孕育出了他那些优秀的乐曲。有一句话叫作"时势造英雄"，阿炳虽然不是传统意义上的英雄，但他给世人留下了不朽的、伟大的音乐作品。可是，他终究没能逃脱命运的捉弄，新生活刚刚开始，他却匆忙离开了这个世界。什么叫悲剧？悲剧，就是把有价值的东西毁灭给你看！阿炳，这位中国历史上最杰出的盲人音乐家，他的作品已经成为音乐宝库中的珍品，他和他的《二泉映月》将在民族音乐的历史长河中永远占有一席之地！

我个人认为，在音乐艺术的审美取向上，父亲具有很高的艺术修养及准确的艺术观点，他的教学从不教条，也从不死板，而是以科学严谨的态度去因材施教，搞启发式的教育。他总是以极大的耐心和超凡的艺术想象力去感染学生，培养学生的音乐表现力和创造力。我很赞同父亲的开放式教学，他会让自己的学生走出去，向其他老师学习各种风格及流派，让他们博采众长，广泛吸收各种民间艺术的营养，真正是不拘一格培养人才。他的学生原中央广播民族乐团首席张连生曾回忆说道："那些年，张老师经常介绍我们去跟其他的二胡演奏家们上课学习，比如王乙、许讲德、刘明源、鲁日融、甘柏林、蒋才如等老师，我从他们那里学到了许多东西，使我们开阔了眼界，丰富了知识，终生受用！从张老师身上，我们体会到了他博大的胸襟，感受到他的大爱与情怀！"

从父亲的教育思想及教育理念中可以看出，他是希望自己的学生"青出于蓝而胜于蓝"，他认为"弟子不必不如师，师不必贤于弟子"，所以他被公认为是二胡界真正的伯乐。如今，他的学生们已经长成参天大树，他们也都有了自己的学生，真是代代相传，绿树成荫啦！学生们活跃在全球各地的音乐舞台上和教学第一线，而间接受到父亲影响走上音乐道路的人，就更是不计其数了！我觉得父亲的一生没有虚度，他为中国二胡事业的发展建立了不朽的功勋，我为有这样一位父亲而骄傲。

《中国艺术报》曾发表文章这样评价父亲："张韶上承刘天华先生及其第一代传人的二胡艺术传统，下开一大批中青年二胡演奏家之端绪，在总结传统二胡学派的基础上，广泛吸收、博采众长，集各二胡流派之大成，创立了二胡技法理论体系，把二胡的演奏、教学推向专业化、规范化的发展阶段。张韶集二胡演奏、教学、著书、革新于一身，成为 20 世纪二胡艺术发展史上影响深远的民族音乐家。"

父亲生前与我们的交流并不多，和我们在一起的时间也很少。所以我觉得，我为他整理音乐资料的过程，也是我对他的一个再认识、再了解的过程。我曾在电脑前与他对话，重新审视着父亲的人生轨迹，心中平添了许多热爱与理解。在我的眼中，父亲是一位真正的艺术家，一位纯粹的艺术家，是一位有艺术良心的艺术家，他是承前启后、继往开来的艺术践行者。我崇敬他，怀念他，他是我心中永远的丰碑！

自 20 世纪五四运动以来，刘天华先生就将祖国民族音乐的复兴当作己任，希望他的革新与努力，能够成为"唤醒民族灵魂"的音乐，能够走出一条新路来。在近一个世纪的发展进程中，又曾经出现了多少杰出的二胡音乐家、教育家、作曲家、演奏家和理论家。在我看来，他们都是中国二胡发展史上的一座座丰碑，是铺路人和奠基石，后人当永远铭记。

原文部分内容曾分别发表于《乐器》2016 年第 1 期、《人民音乐》2017 年第 7 期，后稍做修改、补充。

张　苏　1974 年入伍装甲兵文工团任演员和演奏员，后在中国评剧院艺术处工作，1992 年至今为自由撰稿人。著有长篇小说《樱花公子》等。

我与张韶老师

◎ 姜建华

张韶老师走了,他走得很匆忙,没有让我们做好精神上的准备,但他走前没有受罪,只是在梦中从现实飞往了天堂……大家都说张老师是上辈子积了德,这辈子又做了不少好事,才会走得这么安详,其实我早在去年年底就已经有了些预感。我去他家看他,并一起在史家胡同东口的一间餐厅聊了近 4 个小时。人老了爱说过去的事儿,而这些正是我青少年时期的回忆。晚 10 点多,直到那家店要关门我们才出来。我和爱人要开车送他回家,他却坚持要自己步行,而且要看着我们上了车他再走。老爷子固执,我们只能从命,就这样我们上了车、再下车,一直在他的后面目送他老人家。张老师虽然走得不太慢,但腿脚的控制力已明显不足了。在快到他家大门时,他突然回头发现了我们,张老师嘴上说他生气了,但能看出他心里是很高兴的。我们来回来去地在史家胡同里走,张老师又唱又舞,没有喝酒胜似酒仙,八旬老人赛顽童。那一刻我感觉到,张老师对自己的身体已经没有太多的信心了。

在 2015 年 1 月 28 日张韶老师的遗体告别仪式上,我没有控制住自己,失态的放声大哭了,而这一哭就是三天!我的心快要碎了!

他是一位好老师、好长辈，是如今社会中少有的好人啊！

与张韶老师的相识是 40 年前。1974 年，我被中央音乐学院在上海招生的老师看中并被附中录取，1975 年春天的一个下午我在北京中山音乐堂参加"中央艺术院校汇报音乐会"，中央领导亲自到场审查。我就是在这场音乐会上被选中编入中国艺术家代表团出访欧洲多国的，所以当天的事情我记得很清楚。张韶老师当天坐在观众席第一排，演出结束后，张老师到后台来找我，手中拿着一张信纸，上面写了很多对我拉琴的意见，并一条条地给我讲解并耐心地做示范给我看。当时只有 14 岁的我非常感动，又傻又单纯，但我大胆地认定这个张老师是好人。张老师同意教我，并让我当天就去他家。我高高兴兴地坐在他自行车后架上，来到了东单附近的史家胡同人艺宿舍大院。

张韶老师的家面积不大，每个周日都有很多老师、学生到访。我在他家多次见到的就有许讲德、闵惠芬、果俊明、甘柏林、赵砚臣等老师，这些老师们也很喜欢我，都主动地教我。去张老师家的人基本都是拉二胡的，那个年代大家都没有电话，所以谁来谁去事先谁也不知道。我每次周日去张老师家时都盼望着能见到更多的老师和朋友……大家一起拉琴，遇到饭点就吃饭。张老师的爱人花芳阿姨能做一手好菜，在那个贫穷的年代，有顿红烧肉或肉丸子就是很美味了。张老师和花芳阿姨为了让来客吃好点，两人每月的工资都要花个精光，可那么多年，张老师没有收过我一分钱的学费。

张韶老师 1956 年就在中央广播电台举办二胡讲座，1959 年出版的《二胡广播讲座》一书可以说是中国最早出版的二胡系统教材，这本教材沿用多年，让我们受益匪浅。张老师凭着他对二胡事业的热爱，不放过各种有可能的机会来收集二胡的乐谱、有关文章和音响资料。20世纪70年代刚有了盒式磁带录音机，他每次听音乐会都想办法坐到第一排，为的是看得清楚、录的声音好，并在事后把自己的感受和意见反馈给演奏者本人。尤其是听到好演奏后的兴奋让他的爱才达到极致，主动教人并主动帮着介绍合适的老师，他从不怀私心、图名利，他的心像一面镜子——明亮、闪光。

我自1986年出国后，只要回北京都会去看望张老师，他也是最关心我拉二胡的这些事儿。我2007年回国，在中央音乐学院音乐厅开音乐会，2008年在国家大剧院的新年音乐会与国交和小泽征尔合作演出后所见到的张老师，仍与20年前一样，拿着一张纸条，上面记录着他对演奏的意见，不过比较过去，夸奖的内容多了。20年，中国发生了巨大的变化，人的价值观也在不断地进化与倒退，可张老师对二胡事业的认真态度丝毫都没有改变。在谈话中不管别人谈论多么时尚的话题，不一会儿又让他扯到二胡上面。他不关心人际关系，或者可以说他根本没有弄明白现实社会中的那些事儿！现在想来，张老师可能是看透了世俗，达到了不染的境界。

张老师走后，今年春节张家第二代全体不带孩子在王府井眉州东坡酒楼吃饭，只为聊聊过去的事儿。长子张至津夫妇、二子张小和夫妇、女儿张苏都去了，我和爱人也有幸参加了。看着哥哥姐姐们都非常高兴，大家都感慨万分！使我最为欣慰的是，大家都很理解老爷子！张老师多年来把自己的精力和时间都花在二胡上了，自己孩子们的事儿就管得少了，如今大家都能理解，张老师的在天之灵一定会得到最大的安慰！

说实话，我这个跟张家孩子们一起长大的姜建华倒是最大的受益者，因为我是拉二胡的，因为我有"才"，而张老师又爱才！像我这样得到受益的有才人还很多，他们中间有多人都已成为当今音乐界的顶梁柱，张老师更应该欣慰了！

张老师走了，他给我们留下的是：光明磊落地做人，精湛的二胡艺术，有价值的二胡作品、教材和教学成果，以及他身上具有的那种不图名利的文化人应有的本质。

　　　　原文发表于《中国二胡》第 46 期，2017 年 4 月 15 日

姜建华　中央音乐学院教授。日本梶本音乐事务所、美国哥伦比亚唱片公司专属音乐家。

永在学习路上的学者

——忆张韶先生二三事

◎ 邓建栋

第一次与先生近距离接触是在 1985 年首届"北京二胡邀请赛"上，先生作为第二次全国专业二胡比赛的主要策划者和组织者，承担着许许多多的工作，先生总是事无巨细、亲力亲为。我的处女作《姑苏春晓》在这次比赛上作为自选曲目第一次演奏，先生听后非常喜欢，比赛中便向我的老师马友德先生索要乐谱，当全部比赛结束后我把谱子送到他手里的时候，他大声说道："小老乡，祝贺你呀！我太喜欢你的演奏了，二胡就应该有这样细腻的音色！"从此先生就以"小老乡"来叫我。

与先生近 30 年的交往，回忆起和蔼可亲的前辈生活工作中的点点滴滴，先生身上那些高尚的品格，谦卑的学习态度，严谨的治学精神，兼收并蓄的宽广胸怀，处处都闪烁着珍贵而又不平凡的光辉。此次，中央音乐学院隆重举行纪念先生 90 周年诞辰学术活动，受到红梅主任的邀约，以此小文来纪念我永远尊敬的老乡——张韶先生！

一、音乐厅里的一道风景

　　刚来北京，有人就曾神秘地告诉我，到音乐厅听音乐会一定要看一排1号，那是首都二胡舞台的一道"风景"，我当时不明就里。有一次去观看二胡的音乐会，有意识地观察一排1号。那天去得比较早，坐定后一直在等待"一排1号"的出现。临近开演，一个熟悉的身影，背着那个标配的黑色旧包，匆匆入座一排1号。咦，这不是张韶先生吗？先生一坐下就立刻忙活起来，只见他从包里取出一个小录音机，熟练地装进磁带，再打开录音话筒的小三脚架，往台口一放。哦，原来是现场录音！后来，经常听音乐会都能看到这一幕，难怪被大家调侃为这是一道风景呢。我曾好奇地问过先生，为什么每次都要这么认真地录音，而且不管是什么年龄段的、知名的不知名的都一样，先生说每个人身上都有闪光之处，我们都要学习，还要善于去学不同风格、不同流派、不同演奏者演奏的作品，努力丰富自己的演奏，我记录下的这些既留下了资料，又方便了学习，日积月累将来就是一笔重要的财富。

　　听完我顿时对先生更加肃然起敬，在我的心目中先生早就是造诣深厚的艺术家了，还这样勤于积累，给我们后辈树立了良好的典范。汪洋大海汇小溪，纳百川才浩瀚无边，艺术上又何尝不是？平时点滴素材的积累才能成就艺术上无限的创造力！

　　"一排1号"，像一道风景永远刻在我的心里！

二、寒风中驶来的自行车

记得是 1985 年的 12 月，中央电视台把全国很多的地方戏配上交响乐的伴奏，现场录制"南腔北调大汇唱"。当时我所在的江苏省锡剧团被邀请的是著名锡剧表演艺术家王兰英老师，我作为锡剧的主胡也一并来北京参加录像。这个消息不知道怎么让张韶先生知道了，居然还打听到我们所住的酒店，他先给我打了个电话，说想来看看王兰英老师，并提出要跟我一起拉拉锡剧。我作为晚辈，哪敢跟前辈一同拉琴呀，我连忙回绝。出乎意料的是，当天晚上先生就顶着北京冬天刺骨的寒风，骑着那辆大家熟知的标志性的旧自行车来到了我们的酒店。酒店门口凛冽的寒风袭来差点把先生吹倒，我连忙上前搀扶。进屋还未坐定，先生就迫不及待地操起琴来，悠扬的琴声瞬间飘荡在整个楼层中。王兰英老师闻声而来，此时，先生却像粉丝见到偶像一样，难掩激动的心情，紧紧握住了王老师的手，顿时说话都语塞了。而今我依稀记得先生说："我小时候就多次看过您的戏，非常喜欢您，没想到有机会见到您，实在太激动了！"一阵寒暄后，在先生的提议下请王兰英老师演唱了她的代表作《双推磨》中的选段，我们俩一起为王老师伴奏。那天，我们共同度过了一个愉快的夜晚。临别，先生语重心长地对我说："在你的身上再次证明了戏曲音乐和民间音乐对二胡演奏的重要性，我要让更多的老师和学生们去学习！我也要向你学，这是我们二胡的根！"

送别先生后我的心情久久不能平静。先生顶风冒雪而来看似是为见面，实则是对后辈的鼓舞和激励，是对二胡人才发展的记挂，是给我指明戏曲音乐为民族音乐之根的方向！良苦用心溢于言表。

三、放下架子的陪学者

先生有天给我来电话，说从上海音乐学院来了一位留学生想跟我学一首作品，我说没问题，便一口答应了。约定的时间到，随着门铃声响，当我一打开门，先生居然亲自带着学生来上课，因为没有思想准备，当时我有点不知所措。等迎进客厅坐下，先生才讲明来意，他说学生要学的这首曲子，他也不熟，正好一起来学习一下。说着便从包里取出乐谱和笔，认真的像一位来学习的旁听生一样。此情此景，我对先生的敬意不禁油然而生！上课的过程中，先生还不断地提出一些问题，比如弓法指法，各种不同滑音在曲子中的运用等等，我们还就演奏的一些细节问题进行了深入地探讨。

先生从不放过任何一个学习和提高的机会，他有如此高的艺术成就与他谦虚好学的一贯作风分不开。他用自己的实际行动很好地诠释了艺无止境、学无止境！

四、虚怀若谷的推荐者

1997年的一天，先生跟我联系，说要推荐他的一名学生到我这里来学习，并强调说学生是东北人，要着重把我演奏南方作品秀美歌唱的特点，以及运弓的流畅舒展、清晰干净传授于她；另外再把《第一二胡狂想曲》中如何把握技术和艺术的关系，如何把民间音乐的演奏手法融入作品中去，全面帮她梳理一下。他还谦虚地说自己老了，这些作品教不了了，我是他很欣赏和信任的青年二胡演奏家，所以交给我他放心！之后还多次询问了学生上课的进展，及时掌握情况。先生是真正把爱都给了学生，从来不考虑自己的身份地位，一切都从培养和教育学生的角度出发。他不唯我独尊，而是有容乃大，吸收各家各派于教学之中。先生总是在思考，总是在探索，总是在尝试，探索二胡教学与演奏的真谛！

以微知著，以小窥大。后来我一直在思考，先生之所以成为众人敬仰的大家，绝不仅仅是演奏的出色，还兼具高尚的人格。这使我联想到一句成语"虚怀若谷"，用于先生甚为恰当！高尚的人格、宽广的心胸、兼收并蓄的治学精神，使先生在二胡事业的发展中卓尔不群。如果说刘天华先生是对二胡事业发展的先行者，为二胡事业的发展播下了珍贵的种子，那么张韶先生就是对二胡事业后续发展的践行者，他执着的精神浇灌了二胡事业蓬勃的萌芽！

张韶先生，我们永远怀念您！

原文发表于《中国二胡》第 54 期，2017 年 5 月 15 日

邓建栋 空政文工团国家一级演奏员，中国音乐家协会二胡学会常务副会长。

感谢今生遇见您

——怀念恩师张韶

◎ 魏晓东

    提起恩师，我想的最多的是两个字：辜负。每当恩师的音容笑貌浮现在脑海里，心总会有些痛，有时会黯然落泪，我好想念我敬爱的张老师。

    1980 年我考入中央音乐学院附中。在我初中二年级的时候，张老师来到学校，那时的民乐系主任让老师在全附中任意挑选他中意的学生。经过一番甄选，老师在众多的学生中选定了我。当时我才 13 岁，虽然知道老师很有名气，但对"大师"这个词没有概念，所以并不知道自己有多幸运，而久仰恩师大名的父亲可是不亦乐乎。

    记得第一次上课，老师和我谈话，印象最深的是他说："我年纪大了，没有太多时间，我想在我有生之年好好培养出几个德才兼备的艺术家，我希望你成材，成大器。"老师为我制定了许多学习计划。学习二胡之外，他还为我找到美术和书法老师，希望我能学习绘画及书法。他带我乘坐将近两个小时的公共汽车到他的一个学识渊博的老友家学习古文，他给我买的《古文观止》等书籍让我爱不释手，我对唐诗特别是宋词的热爱一直延续到今天。

在二胡学习上，老师要求很严格，每个音都要求精雕细琢，只要有时间老师就给我上课，同宿舍的同学有时候会抱怨："你老师又来找你上课了！"他也常让我到他家里加课，教起我来常常废寝忘食，我多次差点儿错过最后一班回学校的公共汽车。在他家那间小于9平方米的房间上课的时候要用铅笔作弱音器，以免打扰家人。他常年把音乐放在第一位，引起了家人对他的一些不满。但老师不顾任何阻力，还是全心全意地扑在他的事业上，因为二胡是他的第二生命。正像他的名字"韶"字，左边是"音"，右边是"召"，他的一生是为音乐的召唤而来。

老师总是给我额外加课，不计报酬。在他身体不好的时候，也不愿意让我缺课，会让他的女婿张玉明先生代课，我称他为"小张老师"。小张老师曾跟多位名家习琴，博采众长，技艺高深，善于启发和带动学生，代课认真，使我受益匪浅，永远感激。

恩师在教授乐曲的时候，会介绍曲目的背景故事，启发我与乐曲做感情上的链接，感受曲子的精神和韵律。记得我在学习《新婚别》的时候，老师拿来同名唐诗，他那天灵机一动说要考考我到底有多聪明，用手表计时看我多少分钟能把这首诗背诵下来。在学习一首乐曲时，他还会给我找出多位演奏家的录音让我反复聆听，指出各位演奏家的风格特点、优点与不足，指导我有选择地吸收。

说起拉琴，恩师最常说的一句话就是"千万不能做音乐匠人"，批评和褒扬别人的演奏的时候也总是把演奏的艺术性作为最重要的一个标准，这对我的艺术观念和所走的艺术道路起了决定性的作用。

老师对二胡事业有着强烈的责任感和使命感，极力保护与二胡有关的音响和文字资料，一有音乐会，就会看到老师在台前忙碌的身影，放置话筒准备录音。他多次请求我帮他整理他用毕生精力收集的文字和录音资料，说我年轻精力好，干活效率高，我总是嫌麻烦拒绝了他，这是我一生中几件后悔的事之一。

"要想做一个好的艺术家，首先要把人做好。"老师是这样教育我的，自己更是这样做的。提起恩师，他的品德无人不赞，就连嫉妒他的人也不得不承认老师是个好人。也正因为如此，老师也是个"好欺负"的人，你要是对老师不善，他不会用不善来对待你，因为他的心灵是一片净土，天真烂漫。

恩师容貌清秀英俊，性情温和，我一生没见过老师发脾气或大声吼叫，我想任何人都不会对老师有畏惧感，因为他从没有居高临下对待任何人。他有一颗高贵的心，聆听老师的琴声，音色之美、音乐之纯都是他心灵的真实写照。

老师为了二胡事业倾尽毕生的心血，真可谓"春蚕到死丝方尽"。他为人谦和，从不夸耀自己对二胡事业的贡献，老师的很多业绩是在老师去世后我才得知的，这让我对恩师更加敬仰。

老师做人廉洁，不会敛财，生活简单节俭，但对学生却极为大方，带我们去餐馆吃饭从不心疼。他心地善良，待人诚恳，关心他人。据我父亲提起，有一次，他告诉老师有点不舒服，老师给我父亲寄去了一本健康保养的书，还给父亲写了信分享一些他养生的个人体会。老师的师母（储师竹先生的遗孀）就住在校园里，老师有时会领着我带着一些好吃的去看望储师母，还叮嘱我有空常去看望她，帮她做些事。

老师"爱管闲事"，路上如果看到一块大石头或杂物，老师会停下来把杂物捡起来，扔到路边，以免绊倒别人。恩师待人和善，二胡迷见过老师都说没想到大师一点架子都没有，这么和蔼可亲。

恩师有一颗开放宽容的心，是一个耐心的倾听者，无论我有什么新鲜甚至奇异的想法，都可以大胆地说给他听，他永远不会一口否认和批评，他会全神贯注地倾听并为我喝彩。对于我喜欢唱歌和流行音乐他也从未批评过我不务正业。在他面前我可以做一个本真的我，畅所欲言。即使给我指出问题和建议，他都是那么一如既往的温和，让人很容易接受。这就是我可爱可亲的老师。

恩师活到老、学到老，总怕手生疏，从未停止过练琴，因此上课时做示范得心应手。在校园里，人们常会看到老师骑着自行车，背着二胡，车把上挂着一个大包，里面装着雨伞、饭盒、笔记本，还有心脏病药，那是去给学生上课或去练琴。他住在东城区，骑自行车来学校至少要45分钟的路程。从未听他抱怨过路远。我记得，当年常笑话老师的大背包，即使是到他家楼下去见他几分钟，他也会拎着那个大包下楼来，多年后我才理解那里的心脏病药是必须随身带的，因为我认识老师的时候，他已做过心脏病的大手术。

老师做人清廉，不会敛财，经济不宽裕。老师很久都没有手机，我毕业以后和老师见面大大减少，想找老师只能打电话到他家里。由于老师毕生精力扑在事业上，不计个人得失，没能得到全家人的理解和支持，打电话常被告知老师不在家，去看老师也常会吃闭门羹，我试图站在他家人的角度去理解他们，可还是不免为此神伤，至今不能完全释怀。感激我父亲每次到北京都去看望老师，了却了我的一点遗憾。

想起往事，贪玩的我常常让老师很叹息，调皮的我也常逗老师开心。我和老师的默契像朋友又像父女或更像爷爷和孙女。我虽然调皮，可从未惹老师生过气，一是老师天生脾气好，二是只要我把琴拉好老师就一定不会生气。上主科的时候，老师常说："给你上课是一种享受。"他也常说，我是他肚子里的蛔虫，总知道他要说什么，领会他的音乐意念。我每次都抗议："我可不是你肚子里的蛔虫，太恶心了。"可他一直没有改口。老师上课入情时，常会闭目聆听，我会在他特入神的时候突然坏笑起来，他哭笑不得，怪我太调皮。我贪玩不练琴很让老师无奈，常常在考试之前把他急坏，到处找我催我去练琴，不管怎么急，老师说话都总是那么温和的。考完试后老师来找我，看到他高兴我心中欢喜，嘴上却不屑地说："净瞎担心。"其实我最快乐的时候就是老师高兴，就像孩子的心中最想做到的事就是让父母为自己骄傲。

老师一生比较郁闷的事是关于他评晋教授的事情。以恩师对二胡事业的贡献以及在二胡界的地位，在评晋教授上遇到的问题着实让人难以理解。他一生不会为自己争名争利，在受到不公平待遇时也只是自己叹息。资格远不如老师的人都先后晋升了教授，在二胡界广受尊敬的恩师却直到退休不久前才获得了教授头衔。还有一个排挤老师有效的方法就是给老师喜欢的我打低分，两位老师联手给我打低分来抗衡"去掉一个最高分，去掉一个最低分"的评分方法。老师为此很愤懑悲伤，叹息有些人不讲艺德。我对于所受到的不公平待遇不以为然，一是年纪小不懂得这些事对我未来的影响，二是只要恩师认可我的演奏，就已足够。

我1990年毕业时由于受到当时分配政策的影响（边远省份来的学生都要回到原省），虽然我在参加中国广播民族乐团的二胡考试中名列第一，户口还是被调回了黑龙江。在中国电影乐团签约工作了几年后，由于户口难于解决，我移居了美国，转行做了贸易。那时不常回国，因此和老师的见面就更少了。由于当年通讯不像今天这么方便，和老师通话的机会都很少。直到几年后，发现自己离开了音乐很不快乐，想起恩师和父亲，甚觉辜负了他们。因此决定重归音乐本行，第一步就是录制了一张二胡专辑。录好以后送给老师听，老师万分欣喜，说："太好了，这就是我追求的艺术啊，我没看错人。"回归音乐的我没有比得到我崇敬的恩师的认可更重要的事。老师如此宽容，他虽然对我寄予重望，却从未责怪我，在我远离音乐的几年里，未曾埋怨过我对不起他的培养和苦心。他像一位好父亲那样无条件地支持我、接受我，并从未对我失去信心。

在我全身心地回到了音乐后，快乐无比，每每想起都心存感激。感激父亲引导我走上了音乐之路，感激生命里有缘跟随恩师多年，更常常想起恩师，感慨他是怎样地影响了我的音乐和人生。多年来，困扰我的问题在怀念老师的时间里逐渐清晰起来：我一直认为我辜负了老师，其实是从世俗的眼光断定的——我没有成为家喻户晓的名人，我没有响亮的头衔和显赫的社会地位。我惊讶地发现原来我不知不觉中让世俗影响了我的心理，断定老师一定认为我辜负了他。追忆恩师，他其实是个脱俗的人，他从未追逐名利，他一生只是在做他热爱的事业。他教育我要做好"人"，做好"艺术"，我其实从未偏离他教导的轨道。他所欣赏的我个性中率真的秉性，这些年里我更是毫无改变。我一直保持着对自己内心真实，对世界以诚善相待。我也毫无愧疚地承用着他给我起的名字"荷东"，坚信没有辜负他给我起这个名字的初衷——保持荷花出淤泥而不染的品格。老师在听了我的CD后的感慨，让我释怀。我为能得到我艺术人生中最重要的两个人——亲爱的父亲和敬爱的恩师的认可而感到自豪。任时光荏苒，我依然保持着对世界的好奇心，探索和接受新事物，正像恩师一样终生持有一颗开放的心。如果老师还在世，也一定会对我喜爱学习和刻苦的精神予以赞许。也许不无遗憾，如果我在国内的二胡界任要职，可能会在推动二胡事业发展和改革中起到重要的作用和影响，但我心安，在国外不懈地去推广中国音乐，让世界上不同种族的人了解中国音乐和文化，用心做艺术，正像恩师那样所做的一切都是出自内心对音乐的热爱。

失去了更知道宝贵，老师走了，我深深地怀念他，痛惜不再有机会和老师分享我的艺术和生活的故事，缺了他的喝彩的生活显得有些寂寞。如今我自己也成了老师，恩师的谆谆教诲铭刻在我心里，他的艺术精神深植在我的骨子里，我立志要把老师的伟大精髓继承和传播下去。老师是我永远的榜样，他的精神激励和鞭策着我，助我前行，永不停止。

恩师，您是这样一位伟大的艺术家，更是一位美丽的人，遇到您，我三生有幸。

2017 年 4 月
于美国密西根底特律市

魏晓东 美国克莱尔音乐艺术学院院长，美国密西根大学讲师。

忆张韶先生二三事

◎ 宋 飞

　　张韶先生作为倡导成立二胡学会的发起者之一和首任会长，努力探索和推动二胡事业的发展，通过成立专业学会，给二胡群体带来团结、共识，形成合力，形成超越个人的能量，不断推动着二胡事业的发展。张韶老师在二胡艺术领域的作为，除了演奏、教学，他还撰写教材，出版《二胡广播讲座》专著，对全国二胡事业的发展产生了广泛的社会影响力。他还关注到乐器的改革、年轻人的成长等方面。这里，我想通过对与张韶先生交往几件事的回忆，来表达我对张韶先生的敬意和缅怀之情。

　　最早认识张韶先生，是小时候在广播里听他的演奏。那时常听的有张韶老师演奏的《空山鸟语》、蒋风之先生演奏的《良宵》，印象非常深刻，能感受到他们演奏中的质朴、热情。长大后，就有机会和张韶先生面对面交往了。在我对张韶老师的记忆中，有几个印象是被定格了的。

　　1985年，16岁的我在父亲的带领下在北京中山音乐堂参加"华北音乐节"。那天，张韶老师专程去观看了演出，我首演了《燕赵春潮》。演出结束后，他还来到台上，特别询问了乐曲中的几种新技巧

（双跳弓、轮弓、双抖弓）的演奏，给我热情的鼓励，并合影留念。小时候我曾在广播中收听到张韶老师演奏的录音，这次相见，让我在了解张韶老师音乐的同时，更感受到他为人的那份平和、亲切。由此，他一直很关心和关注我的学习成长，并鼓励我到北京来学习。

1987年，我到中国音乐学院就读本科。一次比赛中要演奏《江河水》，张韶老师就很关心我的学习情况，特别提到，一定要听黄海怀的录音，问我有没有听，我说在资料室听过。他热情地说："要常听才行，你来找我，我来给你转录一份。"后来，他利用午休时间帮我转录了录音，并叮嘱我要仔细听黄海怀老师的版本，听首演者的演奏特点。他的演奏中有管乐吹奏的特点，有独特的揉弦、运弓、装饰音等等，要好好去感受一下。当时，我感到很温暖。他那种视晚辈为学子的宽怀之心、相助教诲之心，让我现在想来依然感动。

后来我在大学期间获奖，取得骄人的成绩，毕业后分配到中央民族乐团，走上了工作岗位。在不同的音乐会与学术活动中，我也会常遇到张韶老师。每次遇到张韶老师，他都会特别热情、关心地把他的所见所闻和我们分享，并关注我们每次演出的情况，没有隔阂。记得一次暑假期间，在北京音乐厅举办暑期音乐会，当时票很早就卖光了，在后台，我看到张韶老师拎着录音机气喘吁吁地进来跟我说："你开音乐会也不告诉我，害得我买黄牛票进来。"我当时挺诧异地说："这个暑期音乐会就没想请专家来，怎么就惊动您了！"他就说："你每次的音乐会我都看，都会带着录音机录资料。我一直都很关心你们年轻人的动向的。"从这件事，我就感受到张韶先生虽然年事已高，但他却对事业的发展有着一种不灭的热情，那种冲劲，我们年轻人都应跟他学。要学习他的宽阔胸怀与孜孜不倦的治学精神。

再后来，我在二胡学会担任工作，特别在担任会长后，与张韶老师有更多接触，来探讨二胡艺术的传承发展。举办各种活动时都会请到张老，他总是积极地参加。尽管年事已高，仍然乐于参与。记得在一次大会上，他非常热情地拉着我的手说："你们年轻人的成长，都是我们的福气，你们这一代大有作为，现在比我们当时几个人掏腰包建会有更好的条件，有更广阔的天地，希望你能带动大家，推动二胡事业的更好的发展，明天一定会更好。"每年我们学会的领导班子成员都会去看望老会长张韶老师，他在平实朴素的生活中，每每说起二胡艺术的发展，都是那样饱含深情和厚望，充满了对事业与同仁晚辈的大爱，让我们感动、敬佩。我想，他对我们的鼓励，其实也带着他对二胡事业的信念、热情、希望，他留下的艺术财富和精神财富永远让我们后辈受用。

今天我们隆重纪念张韶先生，我想这不仅是对张韶先生个人的纪念，更是一种对二胡艺术发展的回望与致敬。我们要像他们那样，怀着对二胡事业的抱负、责任和使命继续前行。愿我们的二胡艺术明天会更好！

原文发表于《中国二胡》第 54 期，2017 年 5 月 15 日

宋　飞　原中国音乐学院副院长，现任中国戏曲学院副院长、教授，中国音乐家协会副主席、二胡学会会长。

浅谈二胡艺术家张韶的历史贡献

◎ 李祖胜

　　张韶1927年出生于江苏省常熟武进县，从小受民间音乐的熏陶，酷爱音乐。他曾自述道："我9岁开始学二胡，是受锡剧的影响。我老家常熟武进盛行锡剧，我小时侯经常有锡剧团来演出。我9岁的时候开始跟一个邻居学锡剧二胡，学拉锡剧。再者就是算命的瞎子对我的影响最大。瞎子算命拉二胡，从我们村东到村西，再到另外一个村，我都跟着他去。最远的时候跟到第七个村，晚上回来天都黑了！"（采访录音）可见，张韶先生从小就酷爱二胡。他于1946年考入南京国立音乐院，师从储师竹先生。50年代初在中央音乐学院毕业后，1953年进入中央广播民族乐团担任乐队首席、声部长和二胡独奏演员，在此工作长达27年之久。在此期间，他广收博纳，于1955年又随蒋风之先生学琴一年半，此外还广泛涉猎锡剧、江南丝竹、沪剧、碗碗腔、蒙古族四胡、京韵大鼓等民间音乐，为自己的二胡演奏寻求更为厚实的民间音乐文化底蕴，所以，张韶先生的二胡演奏音质纯净、柔美，风格刚柔相济，各种地域性风格乐曲韵味都比较纯正。在20世纪五六十年代由他演奏灌制的《拉骆驼》《山歌》《喜丰收》等乐曲唱片，产生了很大的社会反响。作为二胡演奏家，张韶先生参加了大量的演出活动，50至60年代连续参加第六届和第七届世界青年联欢节，先后出访苏联、奥地利、意大利、西德、马耳他等国家。他是20世纪50至60年代二胡艺术中承前启后的一代艺术家，现代专业二胡艺术的第三代传人。

张韶先生为了推广二胡艺术，在1956年接受中央人民广播电台的邀请开始做二胡教学活动的广播。对在当时还没有条件看电视的中国人来说，收音机是人们常用的接收信息和娱乐的工具。所以，张先生的二胡广播教学对推广和普及二胡艺术所起到的作用是不可小觑的。正是通过这种教学方式，张韶先生不断地将二胡演奏的各种技法和理论进行整理、归纳，使之科学化、系统化，并编著成《二胡广播讲座》一书，于1959年正式出版，受到全国广大二胡教师和学生的喜爱。《二胡广播讲座》一书经过作者对技法理论和练习曲等方面的进一步丰富和完善于1964年再一次出版，并更名为《二胡讲座》。在70至80年代，此书又先后被香港、台湾的出版社翻印出版，可见广大二胡教师、学生、业余爱好者对此书的青睐！在20世纪50至60年代初期，尽管二胡艺术得到蓬勃发展，涌现出大批的优秀二胡人才，但二胡教材严重滞后，在各地区音乐院校从事演奏和教学的二胡艺术家们仍然处于凭自己的经验各自摸索的阶段。对于民间的广大二胡爱好者来说，教材问题更是一筹莫展。张韶先生在50年代开始的二胡广播教学和他的《二胡广播讲座》一书的出版，成为当时二胡演奏和教学领域的宝贵财富。1980年，张韶再次应中央人民广播电台邀请进行二胡广播教学，为此次活动编著的《二胡广播教学讲座》一书在原来《二胡讲座》一书的基础上又得到进一步的完善，并于1989年出版。该书48万字，广泛、全面而且更加科学、系统地分析了二胡技法理论，详细地介绍了各种二胡知识，以一位真实见证者的身份论述了二胡发展史，详尽地分析了如何练习各种复杂的演奏技法，并提供了丰富的练习曲和各种风格的乐曲，成为二胡界公认的最经典、最具权威性的优秀二胡教材。[①]

张韶先生作为第三代二胡艺术家，他的演奏和教学都受到他从小接触的江南音乐文化的影响，这从他接受笔者采访时所说的话可见一斑。

笔者：您接触的江南民间音乐文化主要有哪些？

张韶：小时候听锡剧比较多。大概在1956年我又专门跟陈永禄老师学了江南丝竹。后来在1962年的时候，我当时是广播民族乐团的首席二胡，我把我们团几个拉二胡的都带到上海去跟周皓老师学江南丝竹，大概有一个月的时间。因为我觉得学二胡不学江南丝竹是个最大的遗憾。现在，在国内和国际上都有名的二胡演奏家，如果不会南派的东西，不会江南丝竹、沪剧、锡剧，总觉得缺少了点什么东西。因为南派二胡的基础就是你现在谈的江南音乐文化。

笔者：您觉得江南音乐文化对您的二胡演奏有怎样的影响？

张韶：江南丝竹对我的影响最大。

笔者：在您的演奏中主要表现在哪些方面？

张韶：这个运弓和指法就不一样，形成了南派二胡跟北派的不同演奏风格。比如说"垫指滑音"，垫指滑音在我写《二胡广播讲座》以前是没有人、没有文章提这个的。我对二胡演奏的科学化、系统化，很多就是从江南音乐文化，特别是江南丝竹、江南的民歌小调、江南戏曲中吸收来的。所以，在我的教学中，我首先要让学生学南派的音乐风格。具体的南派的二胡风格到底是什么样子的呢？一句话很难说。江南丝竹的八大曲中，主要要掌握《中花六板》《三

---

① 参见李明正：《为弘扬民族音乐而奋斗——记二胡演奏家张韶》，载易人编著：《优美的旋律飘香的歌——江苏历代音乐家》续集，《江苏文史资料》编辑部编，1996年版。

六》《行街》三首曲子，还有沈凤泉的《慢三六》。这些东西我在教学中首先要让学生学会，让他（她）把江南音乐文化这种柔和、柔美的东西掌握了，不要一拉出来就是舞台效果的东西，不要。所以，江南丝竹的这几首曲子都是我的主要教学曲目。过去还有朱昌耀的《江南春色》，苏南吹打里二胡拉的一些东西。二胡不同于板胡、琵琶，它的基础就在苏南，它的核心的东西就是柔、美。

笔者：江南丝竹的演奏手法对您演奏其他地域风格的乐曲也有帮助吗？

张韶：非常有帮助，可以把乐曲处理得更柔美、细腻。北方音乐比较讲究力度、高亢、干脆，在我的书上讲究"刚柔相济"，拉北方乐曲有的地方也把南方柔美、细腻的东西糅在里头，形成一种刚柔相济，更有深度。

张韶先生与江南文化息息相关的二胡演奏和教学理念对他的学生产生了积极的影响。2005 年 3 月，张韶先生的弟子——著名青年二胡演奏家于红梅女士到湖南省岳阳市（笔者单位所在地）来讲学时曾说道，她小时候在济南学习二胡时的老师是济南本地人，所以她当时学到的二胡演奏是比较粗线条的。后来到北京求学，跟随张韶老师学到了南派二胡演奏细腻、柔美的一面，这样才使她的演奏能够刚柔相济，增强了音乐表现力。随着二胡艺术的发展，张韶先生的演奏和教学理念影响了后起的一大批二胡艺术家，成为 20 世纪80 年代以来二胡表演艺术审美趣味变迁的一个主流方向，现在无论是北方籍贯还是南方籍贯的二胡演奏家，都希望能在演奏中集北方音乐的粗犷和南方音乐的柔美于一身，使自己的二胡演奏具有更为丰富的音乐表现力。

张韶先生除了通过二胡表演和二胡广播教学积极推广和传播二胡艺术，同时也积极地进行二胡专业教学。如东方歌舞团的首席二胡张玉明、中央广播民族乐团的首席二胡张方鸣与张连生都是他的弟子。1959 年，在二胡教育家丁当去世后他曾在中央音乐学院兼课一年半，培养了张强、刘长福、蒋才如、孙奉终等人。1981 年他被正式调入中央音乐学院任教，培养了于红梅、姜建华、魏晓冬、黄晨达等二胡艺术家。另外，还有海外的一批弟子，如香港的辛小红、美国的李琪、新加坡的朱岱红、马来西亚的林顺丽等等。真可谓是"桃李满天下"。

张韶先生对二胡艺术的贡献，音乐家李凌先生在《二胡广播教学讲座》的序言中评价说："张韶这些年来差不多把心血都用在二胡事业上了。他的功绩之一是较早地（指 20 世纪 50 年代中期，笔者按）创立了较系统的二胡技法理论，而这些理论影响着和指导着二胡的演奏和教学。他不仅是一位民族音乐教育家，又是一位早在 50 年代就出名的表演艺术家……"李凌先生对张韶的评价无疑是非常中肯的。张韶先生从 20 世纪 50 年代开始一直致力于二胡表演和教学，不仅是二胡艺术的积极推广和传播者，更为重要的是通过他在 50 年代开始的二胡广播教学和他编著的《二胡广播讲座》等一系列著作使二胡演奏技法、教学都得以系统化、科学化，所以他更是二胡演奏和教学的重要的阶段性总结者，他亦是二胡艺术在 20 世纪 50 至 60 年代承前启后的一位重要人物。

节选自拙作《二胡艺术与江南文化》，湖南人民出版社，2010 年

李祖胜　中南林业科技大学音乐学院院长、教授。

恩师仙逝情常在　桃李芬芳香满园

◎ 黄晨达

我出生在音乐世家，父母都是音乐人。从我有记忆开始，钢琴和二胡就已经伴随着我。当然，我的启蒙老师就是我的父母。印象里，父亲的学生还是挺多的，学生的素质亦有高有低，父亲给他们上课时都颇有耐心。但在我身上，父亲明显有些操之过急，也许他觉得我从小耳濡目染，应该比别人快，加上在我学琴的年代，正是我父亲事业的巅峰期，他也没有什么多余的时间陪我"慢慢练"，所以在我的童年记忆里，学琴并不是什么愉快的事情，还附带着不少的"黄金棍"。我猜想父亲也意识到了这一点，我不知道他那年暑假把我送去北京，是有意为我回到他的母校读书做准备，还是单纯的一次游学，但是在那年夏天，确实决定了我的人生。

1985 年夏天，父亲把我送到北京，托付给当年把他招入中央音乐学院的方堃校长，并安排我跟张韶老师学习。也就是那一年，我开始了和张韶老师的缘分。也许是因为在香港几乎没有玩儿的机会，所以在北京的那个暑假，虽然有人管着，但我还是一个山高皇帝远的小"土皇帝"。其实，我已经不是很记得那年是如何跟张韶老师学琴的了，倒是依稀记得一些在音乐学院里游玩儿的片段。一个暑假过去了，我回到香港，父亲看我拉琴，应该还是感觉到了明显的进步。我猜想那时候他已经下决心要把我送回他的母校中央音乐学院读书，让我正式走上演奏专业的道路。用父亲的话说："在音乐学院的大院里熏上几年，再差也差不到哪里去。"当年父亲插班中央音乐学院附中三年级，据他自己说主科和视唱练耳都是全班倒数第一，就是在这样的环境中，加上他自己的不懈努力，三年后他代表中央音乐学院参加了第一届"上海之春"北京地区二胡选拔赛。

果然，在1986年底，父亲就把我送到了北京备考，扔下了一句话："考不上中央音乐学院你就回重庆耕田。"还好，时隔28年，我也幸运地考上中央音乐学院附中，跟张韶老师结上师生缘，成为张韶老师在中央音乐学院的闭门弟子。我跟父亲当年进校的情况差不多，虽然视唱练耳相当好，但专业却一直徘徊在倒数的行列里面，是张韶老师对我耐心教导，教我每一首他最经典、最有代表性的乐曲，用音乐去带动我、感染我，才让我知道如何用情感去表达音乐。在他孜孜不倦的教导下，我领悟到了音乐的真谛，没有辜负他对我的一片用心。

张韶老师那慈祥的面孔永远都在我的心里，每当我想起他，都会浮现出一个情景，那就是他骑着他的小电瓶车，背着录音的设备，游走在各个音乐厅之间，带着他的微笑，面对着每一个人、每一个学生……

在纪念张韶老师90周年诞辰的音乐会上，我和大家一同深切缅怀张韶老师——这位将一生毫无保留地贡献给二胡事业的平凡而伟大的二胡艺术家。张韶老师集演奏、教学、创作、乐器改革于一身，除了对二胡艺术的发展有着深远影响之外，更让我敬佩的是他真诚坦荡的人格魅力。张韶老师尊贤重才，提携后进不遗余力。他的谦和厚道常常令人忘记了他的高端资历，位高权重。对二胡发展的人和事来说，他具有特殊的亲和力及凝聚力。在那个手抄谱的年代，张韶老师出版发行的二胡教材总数超过 300 万册，是张老师填补了二胡发展史上的断层，并延续传承了前辈们的薪火。张韶老师以他的号召力吸引了全国各地的精英在家中相互交流，发掘了大量尚未出版的新作品，这在当时是何其不易呀！他没有派别、没有圈子，不求名利、不求回报，一门心思发展二胡事业和壮大二胡队伍。从这个意义上来说，张韶老师真正做到了无欲无求，有容乃大。

张韶老师也是名副其实的伯乐，经他发掘和调教的同仁不计其数。我的师姐于红梅当年正是因为张韶老师这位伯乐的慧眼发掘，如今已是当今乐界的千里马。

师德永存，韶音不绝！

张韶老师，名垂千古！

2018 年 4 月 6 日于新加坡

黄晨达　新加坡南洋艺术学院华乐系主任。

张韶先生教学特点择要集述

◎ 张　明

　　张韶先生是中国著名的二胡演奏家、教育家，中央音乐学院教授。张韶先生 1927 年 4 月出生于江苏省武进县，1946 年考入南京国立音乐院，导师为杨荫浏先生。在学习期间，他还师从刘天华弟子储师竹和蒋风之学习二胡，同时向曹安和学习琵琶，随曹正学习古筝，跟高步云学习昆曲和三弦。他 1953 年任中央广播民族乐团乐队首席和二胡独奏演员，1981 年调入中央音乐学院任教。张韶先生曾任北京二胡学会会长、中国音乐家协会二胡学会会长，长达 20 年之久。2015 年 1 月 22 日上午 7 时，张韶先生因病在北京家中逝世，享年 88 岁。

　　2017 年 4 月 25 日，为了缅怀张韶先生，传承和发扬其艺德，中央音乐学院民乐系举办了纪念张韶教授 90 周年诞辰的学术活动和演出，发起了关于张韶先生教学思想、贡献和他平时生活点滴的征稿活动。笔者受邀参加此次活动，遂写此文以缅怀老师。

一、师从张韶先生的学习之路

　　上高中的一个暑假，我在沈阳音乐学院附中的主课老师贺虹先生建议我到北京来找张韶老师学习二胡。那一天，母亲带着我坐了一夜的火车来到北京，我们步行来到了距离火车站很近的史家胡同，心怀忐忑地敲开了张韶老师的家门。张老师给我的第一印象就是瘦削又精神，眼睛里透出严谨又睿智的目光。他的家里并不大，处处能传达出主人节俭的生活习惯。我知道，从张老师为我打开家门的那一刻，预示着他从此为我开启了一扇更为宽广的大门——通往二胡演奏艺术更高层次的大门。

我深知，在张韶老师教导的众多学生中，我只是那沧海一粟。在我的学琴生涯中，如果说人的一生中总会遇见一位让自己钦佩的"引路人"，总会在人生的重要时刻给出中肯意见的导师，那我想，就是张韶老师。

第一次上课时，张老师让我演奏了不同的乐曲。他并不急着说什么，在我演奏以后，他从书架里拿出了他所编写的《二胡广播教学讲座》和两本《二胡练习曲集》，当场抽出数条让我试奏，从揉弦、换把、跳把、混合弓练习曲，到三连音、四连音及五连音、七连音等变换节奏的综合练习，都让我试了一遍。整堂课张老师就像是考试一样，一个又一个地让我把他出的题或唱或演奏出来。我记得当时真的是一点儿也不敢松懈，只想把最好的演奏状态呈现给他，也急切地等待老师给我的反馈。就这样不知不觉两小时过去了，张老师才让我把手里的二胡放下，他和我说："让你演奏这么多，是想看你演奏不同乐曲风格和内涵的能力，看你的音乐综合素质怎么样。真没想到，你一个东北的小姑娘，还是给了我一个不小的惊喜，各方面基础把握得还不错，基本功打得也很扎实，这背后可见你付出的足够努力和你老师的教学水平啊！"几句话，让我忐忑的心瞬间稳定了下来。然后，张老师话锋一转，说："但是这一切只是基础，要想成为一个出色的演奏家，以后你要加强和学习的地方还多着呢。这样吧，你这个假期就在北京住下来，我会给你布置一些刘天华先生的传统曲目，另外我还会再找一位年轻的张玉明老师，我们双管齐下，来提高你的演奏技术和音乐艺术表演能力。"

就这样，我开始了向张韶老师的求学之路。接下来，数年里的寒暑假，我都会定期来向张老师学习，他亦不断介绍我和其他老师上课，如闵慧芬老师、蒋巽风老师、邓建栋老师、张尊连老师……用他的话说，学琴一定要博采众长。通过老师的言传身教，我不仅学习了严谨的治学态度，也学习了作为一名老师应当具有的心胸豁达和待人接物的真诚。

二、张韶先生的教学特点

（一）严谨治学

在生活里，张老师是一个非常感性、和蔼的人，但在教学上，他却是个非常严谨的人。我在和他学习二胡演奏的各项基本功时，从运弓、按指、换把、揉弦……每一项他都会找出专门的练习曲对我加以训练，有一点儿做得不够准确，练习都难以通过。记得有次课上他教我自然跳弓，无论他怎么教我，我都掌握不到要领，弓子总是跳不起来。下课后，母亲刚带我回到宾馆，正当我坐在琴凳上，看着自己的琴并沉浸在责怪自己笨拙的情绪里时，门外忽然传来了张老师的敲门声，"张明，张明快开门。"我吓了一跳，赶紧起身去开门。张老师进来就说："快，把琴拿出来，你下课后我又想起来一种办法教你，你试试，你把右手腕充分放松，看过蛇爬行吧，你把手腕想象是一条小蛇，不要过分控制，要充分放松带动弓毛再试试！"又过了好一会儿，当我终于生涩地把弓子跳动起来时，张老师脸上露出了满意的笑容，而我的眼睛却湿润了。张韶老师，一位70多岁的老人，下课后还不忘我没学会，特意又追到宾馆继续教导我，他是一位多么认真、执着又热心的好老师啊！

张老师在教授我各类乐曲时，都会从乐曲创作的时代背景开始讲起，说起为什么这个乐曲叫这个名字，整首乐曲要体现出怎样一种心境。从弓指法到每个乐段、乐句都会精心设计。他还会充分调动学生的形象思维，告诉我哪句像在模仿箫声，哪句像在模仿古琴的吟唱，哪句要清风拂面、怡然自得，哪句又是在惆怅中寄情于景。对于当时处在少年时期的我来说，这些深入浅出的讲解能够迅速把我带入情境中，找到乐曲的语言基调。他还是个上课从来不会正点结束的老师，很多次上课后，他都会把积累的各种音频拿出来，有的时候一首乐曲甚至能找出来十多版，然后让我坐在录音机旁，一个又一个地听不同演奏家的版本，然后还要提问每个版本有什么不同的处理和优点。这对于那个时候的我来说，会觉得很煎熬，有的时候甚至听着听着就打起瞌睡来。但是一想到他还要提问，只能咬牙继续听辨。可是这一切，却成了我现在教学和演奏的宝贵财富。现在想起来，我是多么感恩张老师对于我那段时间的教导啊！

（二）寓情于曲

在教学上，张老师还是一个非常会用充沛的情感寓情于曲的老师。在和他上课的七年里，令我印象最深的，是张老师指导我演奏《蓝花花叙事曲》这首乐曲，他在课上给我带来了非常大的震撼，至今难忘。这首乐曲是一首叙事曲，在第一段起始句的时候，由描写蓝花花少女美好形象的类似于山歌一样的歌曲旋律荡漾出来。那次上课，张老师把我的上课时间排在了一大早，刚进他家门，还没等打开琴盒，他就和我说："走，我带你去趟公园看看！"我觉得很好玩儿，不上课还去溜达公园，可真有意思。张老师骑着他破旧的自行车带着我来到了公园。那天空气清新、阳光明媚，公园里有不少正在晨练的老人。张老师带着我一起爬到了附近的一座小山上，小山周围花草茂盛，景色很美。当我正沉浸在美景中时，张老师对我说："来，你现在就站在这假山上唱一段《蓝花花》的旋律，带着歌词大声唱出来。体会一下山歌是个什么感觉！"我当时就蒙了，心想，我也不是声乐专业，让我在公园里这么多人的面前唱山歌，我哪好意思啊！几番开口，我都唱不出来，脸都红到了耳朵根儿。在张老师的再三催促下，也就是像蚊子哼一样地小声唱了前两句。这下张老师急了，和我说："我告诉你，搞艺术的人，上台演奏的人，就得有一种敢于表现自我、不在乎别人怎么看的精神！就像这样扭扭捏捏的，你怎么能在台上尽情表现！你听着，我给你唱一遍！"然后，他一个70多岁的老人，就真的在假山上大声地吼起《蓝花花》来，那么尽情和陶醉，所有路过的人他都不在乎。那一刻，为我学习这首乐曲带来了第一次震撼。

张老师给我带来的第二次震撼，是他指导我演奏《蓝花花叙事曲》"哭诉"那段的时候，张老师启发我说："蓝花花被抢亲后关在一个小黑屋里，她哭得多么无力又绝望。整首乐曲主题的三次出现，从麻木到委屈抽泣再到号啕痛哭，那是一种怎样的情绪递进！"当时的我，很内向又不善于表现，拉奏了几遍张老师都不满意，于是他就把自己当成蓝花花为我唱出整段旋律来。随着演唱情绪的递进，张老师眼睛里泛起了泪花，然后边唱边哭，最后唱成了哭腔，旋律从他口中唱出来真的就像蓝花花在号啕痛哭一样，他沉浸在悲伤里，脸上布满了泪水。那一刻，我的心灵再一次被震撼了。当讲到蓝花花叫天天不应，叫地地不灵，无奈投河自尽的时候，张老师还哭着把自己家的小床当成了河，表演往河里跳时的悲愤和绝望。那一刻，我和母亲都被张老师感动地哭了起来，紧接着再从我手里拉出来的旋律，感觉就像有了生命一样，深深地沉浸到故事情节中去……这么多年过去了，每当我再拉起这首乐曲，总是能回想起那堂课中的张老师。我珍惜和张老师上课的那些时光，在我学琴的道路上，能遇到张老师是多么得幸运。从小学琴，从我自己主课老师对我的教导，到步入少年时张老师对我二胡演奏精益求精的提高，正是有了他们在二胡演奏上对我倾注的心血，才有了我在求学期间两次获得全国"天华杯"二胡少年、青年比赛一等奖。

（三）历史贡献

张韶先生为中国的二胡教育事业贡献出了自己毕生的精力，在教学上，张韶先生是 20 世纪二胡艺术发展史上影响深远的二胡艺术家，是为中国二胡艺术发展做出卓越贡献的一代宗师。他一生致力于建立和完善二胡演奏的教学体系，奠定并创新发展了二胡技法的科学理论体系，把二胡的演奏与教学的专业化推向了一个新的高度。他乐于施教，诲人不倦，培养出甘柏林、唐镜前、蒋才如、刘长福、张强、孙奉中、张连生、张玉明、张方鸣、姜建华、于红梅、魏晓冬、黄晨达等一大批优秀的二胡演奏家和教育家，可谓是桃李满天下。张韶先生在总结民族民间音乐的基础上，广泛吸收南、北各种流派风格，融汇其精华，他的演奏与教学充分继承和发展了刘天华二胡学派，形成了系统科学化的二胡教学体系，对二胡演奏艺术以及其他弓弦乐器的发展都产生了深远的影响。

在二胡理论研究方面，他出版了《二胡广播讲座》《二胡演奏法》等10余本著作，共计200余万字，发行300多万册，这些书的出版与应用对海内外二胡艺术的发展起到了重要的推动作用，其中由张韶先生编写的，在1959年出版的《二胡广播讲座》一书，是他于1956年应邀在中央人民广播电台举办二胡广播讲座后出版的教学书籍。这本书的问世，对普及并规范二胡演奏技法，培养二胡人才影响深远，是民族音乐教材的典范，也是二胡发展史上第一本内容详尽的专著。

在二胡的乐器改革方面，张韶先生60年的艺术生涯中一直致力于二胡的改革发展。1949年至1950年，张韶先生与张锐先生合作，将二胡丝弦改为钢丝弦，之后，张老师又相继研制出了铬弦、铝弦与二泉弦、汉宫弦、外缠弦等。1955年将二胡调音木轴改为铜轴，1993年研制成微调固定千斤等。

在出版乐曲方面，中央人民广播电台录制有20余首张韶先生演奏的二胡独奏曲。1984年，在香港出版发行了张韶先生的独奏专辑。多年来，他创作了大量的二胡独奏曲和二胡练习曲，如《花鼓调》《大河涨水沙浪沙》《喜丰收》《感怀》《秧歌变奏曲》《欢乐的草原》等。

结　　语

韶乐飘香，"音"为有您。张韶先生终其一生，都在为二胡艺术事业奉献着他的智慧，他是一位集二胡演奏、教学、著书、乐器革新于一身的艺术家，他上承刘天华及其第一代传人的二胡艺术传统，下启一大批中青年二胡演奏家之端绪。他的演奏和教学能够集各家之所长，他的教学理念深深影响了几代二胡专业演奏人。我们要学习张韶先生对待艺术执着忠诚的精神，要珍惜先辈们的艺术成果，不断继承发展，敢于开拓，为二胡演奏艺术的不断发展添砖加瓦，让二胡演奏艺术发展之路更为辉煌与灿烂。

原文发表于《齐鲁艺苑》2017 年第 4 期

张　明　沈阳音乐学院附中副校长。

张韶二胡演奏艺术论

◎ 朱春光　朱泓光　朱万斌

引　言

中央音乐学院教授张韶先生是我国著名的二胡演奏家、教育家、理论家，一代国乐大师。他的艺术修养、道德修养是二胡界有口皆碑的。他的艺术成就：演奏上细腻、优美、内在、激情；教育上渊源深邃，又自成体系，桃李满天下；理论上更是苦心孤诣，开创先河，堪称里程碑。在百年二胡发展的历程中，张韶先生是一位继往开来、承前启后的人物。20 世纪，刘天华二胡学派通过储师竹、陈振铎、蒋风之（按年龄顺序）三位桥梁式的人物得以发扬光大。张韶先生作为储师竹、蒋风之两位前辈的高足，对刘天华二胡学派的精髓有着准确而完整的理解，他全面继承了刘天华二胡学派的文化理念和艺术思想，对如何引导、促进中国二胡朝着健康、深入的方向发展，有着清醒而深刻的认识，为了实现这个目标，他一生努力，无怨无悔。发展中的中国二胡，有今天这样兴旺的局面，这么高的成就，与张韶先生的努力是分不开的。

为了中国二胡的发扬光大，张韶先生做出了不可磨灭的贡献。

一、演奏风格

我们今天研究张韶先生的演奏风格，目的并不在于对历史的追溯，而在于张韶先生的演奏风格对于我们今天的二胡演奏究竟有何意义。自张韶先生告别舞台后，若将他的演奏风格仅作为一种历史去看待，那么这种演奏风格对于现实的演奏并无多少现实意义，也就没有研究的必要。在二胡演奏短暂的历史上，有的演奏家具有突出的风格，但由于艺术趣味的庸俗、艺术修养的浅薄、文化取向的偏差，这种风格并不值得提倡和发扬；有的艺术风格由于受条件的限制，也无法提倡和发扬。比如有些演奏家的特大把位，由于把位过大，违反乐器的基本性能，不能截取最佳的有效弦长，造成较大的音色变化，同时，由于把位过大，造成演奏困难，音准没有把握。这样的风格作为历史存在而已，也就没有研究的必要。

对张韶先生演奏风格的研究，我们只重点研究风格的内涵即现实意义，对于其形成的文化背景、人文环境、历史渊源等诸方面因素都不列专题。

张韶先生的二胡演奏风格可以概括为细腻、高美、内在、激情。

（一）什么是"细腻"？

细润、光滑谓之细腻。唐代杜甫在《丽人行》中说："态浓意远淑且真，肌理细腻骨肉匀。"

细密、精细谓之细腻。唐代元稹在《内状诗寄杨白二员外》中言："彤管内人书细腻，金奁御印篆分明。"

前者描人，后者状物。人之细润、光滑，物之细密、精细均有可感。可是演奏上的细腻怎么讲呢？不妨借用上述两点来解释。

演奏家所演奏的作品无一处粗糙，无一处瑕疵，更无一处突兀；连绵起伏、匀称柔美的线条，浑然一体犹如丽人，这就是演奏上的"细润、光滑"。

演奏家在演奏作品时每个音必然讲究，句读布局必然恰当，篇章结构必然合理。犹如一件浑然天成的物件，养人耳目，悦人心脾。这样的演奏就是"细密、精细"。

张韶先生的二胡演奏正是这样。他演奏的任何一首乐曲，绝不允许有粗糙、瑕疵、突兀的存在。偶举几例：如演奏《二泉映月》不同段落音色应该有什么变化，每个定把滑音在音律方面如何把握，特殊弓法反复推敲，特殊音型反复揣摩，每处打音的度数、虚实都精心设计，乐曲结构布局都巧妙安排等，这些都必然使作品协调和谐。而演奏《流浪者之歌》这类移植乐曲，则从揉弦的音色、音律的准确、音程的精确等方面都做到了细致入微且考究。

在处理每个音时，必然使这个音有依据、有着落。他认为如果仅仅是从频率和幅度上演奏这个音，那也最多是如古人所说的"知音"而不"知乐"而已。比如在演奏《空山鸟语》的引子部分，许多演奏家的演奏仅是从"鸟语唱答"这个意境上来处理，张韶先生不仅如此，还在演奏时务必使二胡通体振动，使其充分共鸣，创造出一种深山幽谷中的鸟语唱答，让人一下子进入到特定的环境当中。在演奏《喜丰收》时，曲中老农对话的语气、神态鲜活，甚至呼吸可感。在演奏《蓝花花》被抬进周家一段时，表现蓝花花由于害怕而不敢哭泣，到抽泣呜咽，到放声大哭，最后痛苦绝望的呼救，一层一层渐次展开，让人听了倍感痛心。这一段当中对每一个音处理的细致程度，令人惊叹。这种有依据的、有着落的处理就是细腻。

（二）什么是"高美"？

"高美"是指艺术作品到达高深阔大的境界。什么是艺术作品的高深？首先，艺术作品的高深并不代表深奥难懂，而是艺术作品蕴含的道理或哲理是高深的。比如《高山流水》并不难懂，但它所蕴含的世间理、人生理却是高深的。"高山流水遇知音"其中所示的世间理、人生理很丰富、很复杂，这就是他的高深。其次，演奏者胸襟开阔，高风亮节，境界高远，思想深邃，他的演奏必定高深。所谓佛必济世为怀，道必清静无为，儒必孝悌忠信。这就是境界不同，旨趣各异，也必通过特定途径有所表现。演奏就是一种表现境界和旨趣的途径，所以猥琐者所奏自然猥琐，高远者所奏自然高远。

音乐美、演奏美的产生是个复杂的问题。有的学者认为音乐美产生于它的"象征意义"（日本渡边护），有的学者认为是"意象与情趣的融合"（中国朱光潜）。孔子之前认为美就是"善"（以善为美），孔子之后美善分离，孔子说："《韶》尽善尽美，《武》尽美未尽善。"这虽然是一个难以定性的问题，但是可以肯定音乐中所产生的"象征意义""意象与情趣的融合"，"善"无疑都是美的。演奏也是这样，凡上品的演奏必然具有"象征意义"，必然是"意象与情趣的融合"，必然是"善"的。演奏者胸襟豁达、思想深邃、志趣高远，则演奏所产生的"象征意义"必然深远，"意象与情趣"必然高度融合，必具有"仁厚、慈爱"之心，这就是演奏的高美境界。张韶先生的演奏正是这样的。

（三）"内在"是什么？

我们经常说的"内在"，一方面是指事物本身所固有的、和外在相对的，另一方面是指存在于内心，不表露在外面。比如有的人相貌堂堂，很注重外表的美，刻意打扮、装饰，如果得体也是一种美，这种美就是看得见的外在美。也有的人容貌平平，甚至是丑的，穿着也很朴实，不事雕琢，但满腹经纶，且举止合宜、言谈高雅，你会被他的风采所深深吸引。这也是一种美，一种内在的美。

外在的美多为先天的，后天适当修饰便光彩照人；而内在美则须经过后天的培养，读书、体验、思考、修身，自然具有高洁、优雅的气质，所谓"书到修身品自高"。

演奏上也存在外在美和内在美的区分。外在的演奏，乐曲"说"什么，演奏传达什么。比如演奏《空山鸟语》，乐曲"说"的是空山中的鸟语，演奏者如实地表现这一意象和情趣，这就是外在的演奏；还有一种乐曲所"说"的是 A，演奏所传达的是 B，或是 A＋B，这个 B 就是言外之意，这种演奏所传达的意象和情趣需要玩味，往往越琢磨越有味。这就是内在的演奏。

张韶先生的演奏正是这样的。他演奏的《空山鸟语》实际上是"空山人语"或"空山中的人鸟应和"，传达的是人与自然的和谐。然而这种演奏却需要琢磨，因为它是言外之意。张韶先生演奏中的言外之意非常突出，他演奏的乐曲几乎无一没有言外之意。《月夜》中的箫声、《音乐会练习曲》中的巴乌等等，无不透露出一些言外之意。

（四）"激情"是怎么表现的？

所谓激情是一种充分而强烈的感情。应该说充分而强烈的感情是音乐作品乃至艺术作品的灵魂，没有情感的艺术作品就不会有生命力。这一点容易理解，不加论述。我们要讨论的是音乐作品中的激情是怎样表达出来的。

在研究"蒋派二胡"时，曾论述过"蒋风之二胡演奏中复杂的艺术处理，目的就是要通过这些处理把听众本就藏于内的'哀心'激发出来。比如借用古琴的手法，激发出听众对文人意识和古朴典雅风格的感觉……""所有这些都是因为听众内心早已有过这种生理反应，积累了这样的经验，形成了这样的欣赏习惯。"这段话要说明的是音乐本无感情，感情藏于人心之内。音乐可以通过种种手段把藏于人心之内的感情激发出来。为什么有的演奏让人听了会说没"味儿"，而有的演奏让人听了却觉得充满激情呢？实际上就是听了没"味儿"的演奏不能通过有效手段（艺术处理）把藏于人心之内的感情激发出来，后者则相反。张韶先生的二胡演奏继承了蒋风之先生的风格，对乐曲都要进行细致入微的艺术处理，目的就是要把藏于人心之内的感情激发出来。他的演奏当然会充满激情了。

我们研究张韶先生二胡演奏的"细腻、高美、内在、激情"，如前文所说并不是作为一种历史的风格来加以考察，而是要揭示出怎样做到演奏中的"细腻、高美、内在、激情"，这对于二胡演奏具有非常的现实意义，因为今天听起来没"味儿"的二胡演奏实在太多。这一方面是源于文化的缺失，另一方面是来自趣味的平庸，不根据特定的内容做必要的艺术处理也是很大的原因。当然，艺术处理也必须要有文化、修养等等作为前提。

以上是从听觉上分析张韶先生的二胡演奏，也可以说是从内在美的角度来研究张韶先生的二胡演奏。如果就音乐会的欣赏来说，那就不仅是听觉的，还有视觉的，这个视觉的欣赏包括演奏者的舞台形象、台风，演奏的方法、姿态等等。我们今天所能看到的许多年轻人的演奏，前仰后合，摇头摆尾，甚至搔首弄姿等等，所有这些动作并不是音乐所需要的！相反，听则美，看则丑，看直接破坏音乐的美。甚至，有些累赘的动作是老师专门训练出来的，谓之"表演"。殊不知当演奏的动作与音乐不协调时，就产生丑。因为在人们的观念当中，一切多余的东西都是赘物，而赘物当然是丑的。就像人的肌体上长出一个瘤子，当然是丑的。张韶先生的演奏，一生都在实践自己的美学观点，就是他的演奏"四美"：美琴、美手、美人、美音。这一点后文要具体阐释，读者可以在第三节里感受张韶先生二胡演奏的外在美。

二、理论丰碑

"回也，其心三月不违仁……""贤哉回也，一箪食，一瓢饮，在陋巷，人不堪其忧，回也不改其乐"（《论语·雍也》）。这是孔子赞扬颜回守"仁"的定性。其实孔子本身就是这样，无论生存环境多么恶劣、政治生涯多么坎坷，然而津津乐道，终不违"仁"。正是因为这样，才有了"孔颜乐处"的称道。而当我们走近张韶先生深入了解他时，我们曾经感叹过：张韶先生居无豪宅，出无华车，然心驰于大道，神往于艺术；区区陋巷，情系二胡，人不堪其忧而先生无忧；身居斗室，著书立说，人无享其乐而先生独乐。

布衣素食，传道授业，"弟子三千，贤人七十"，用这样几句话来概括张韶先生一生对二胡事业的追求及成就最为准确了。

第一次去先生家，刚步入北京东城区史家胡同，感觉这虽非陋巷，但是和现代繁华的大都市比起来，却是原始多了。而正是这原始的胡同积淀着深厚的文化，诞生过许多传奇。20 世纪 50 年代起，张韶先生的二胡传奇人生也在这里演绎着。

1927 年，张韶出生在江苏武进的一户富裕的农民家庭。由于家庭富裕，少时的张韶受到了良好的文化教育，曾入私塾习"四书""五经"。深厚的文化功底为他以后研究二胡奠定了坚实的基础。自20 世纪 40 年代末入南京国立音乐院（后来的中央音乐学院），至 50 年代初先后师从储师竹、蒋风之、曹安和三位教授主修二胡，兼修古筝、琵琶等乐器，尽得精髓。毕业后任中央广播民族乐团首席二胡，从此，张韶先生就把自己的一生毫无保留地贡献给了中国二胡。

中国现代二胡由刘天华奠基，经储师竹、陈振铎、蒋风之三位高足而得以发扬光大，至 50 年代初期进入初步的规范阶段，有教材可依，有比较合理的课程设置，有较为规范的教学形式，教学过程有序可循。但是和小提琴相比，距离科学、规范、系统的成熟学科还是有着相当大的距离。如果中国二胡的发展不能走上科学、规范、系统的道路，就不可能取得突破性的发展，能否尽快步入科学、规范、系统的道路，关系到中国二胡发展的前景，而要想中国二胡尽快步入科学、规范、系统的道路，首要任务是完善理论系统。这就是年轻的张韶对发展中国二胡的清醒认识。在其后的日子里，他在演奏和教学之余深入钻研理论，先后编写过多种教材，手抄的、油印的、出版的等等，数量、种类、质量均在全国之首。李凌先生对他曾有这样的评价："张韶这些年来，差不多把心血都用在二胡事业上了。他的功绩之一是较早地（50 年代中期）创立了较系统的二胡技法理论。他在教学上积累了许多经验，相继写出了不少教材，成为目前编著、出版二胡书籍最多的专家。这些书深受人们欢迎，销售量已超过300万册，在全国影响颇大，对二胡的普及、演奏和教学起了相当大的推动作用。他的著作，在国外也享有声誉。"李凌先生的这段话充分肯定了张韶在创立系统的二胡技法理论方面所做出的努力，高度赞扬了他的努力对中国二胡的发展所起到的推动作用。

作为一篇文章，很难对张韶先生的贡献做出全面的论述，因而，让我们把目光集中到他的一本对创立中国二胡系统的技法理论起到奠基作用的论著——《二胡广播教学讲座》。

1956年，中央人民广播电台举办二胡广播讲座，时年29岁的张韶担任主讲，而后出版《二胡广播讲座》。1964年经修订充实后更名为《二胡讲座》，再版后受到国内外广大二胡爱好者的极大欢迎，很快销售一空。香港某书局以"张韶编著"翻印出版，同时流传到台湾，远销东南亚、日本等地区和国家，后被人译成外义传到法国。

1966年，轰轰烈烈的"文革"开始了，张韶由于出身的原因被迫和父母划清了界限，忍受着感情的煎熬。这段时期张韶翻阅了大量的小提琴、钢琴的有关资料，做了数万字的笔记，为以后的《二胡广播教学讲座》的最终定稿打下了坚实的基础。同时这段时期他还和汤良德合著出版了《二胡演奏法》，这本书简明而系统，通俗而易学，是一本难得的普及读物。

1980年，张韶先生再次应邀在中央人民广播电台举办二胡广播讲座，第一期播出后，听众反映十分强烈，后来这个讲座在中央人民广播电台各套节目里重播了六次。应多方要求，张韶先生在讲座的基础上，做了大量而细致的工作，终于在1989年出版了《二胡广播教学讲座》。这本书鸿篇巨制，其系统性、科学性、规范性不仅在二胡的发展史上独树一帜，而且其体例、思路、内容、方向均为以后的二胡研究提供了范例。在以后的 20 年里，各种二胡书籍如雨后春笋般地涌现出来，但观其体例、思路、内容、方向均很少创新，似乎也很难创新了。直到 20 世纪 90 年代末，二胡在理论研究上才有了突破性的进展。

张韶先生的《二胡广播教学讲座》全书分为理论和练习曲两大部分。理论部分 12 章，共 131 节，涉及二胡的历史、技法、应用等，论述非常详尽。内容还初步涉及音乐美学范畴。如提出二胡演奏上的七个标准：1. 音要准；2. 节奏要稳；3. 音质、音色要好；4. 音律要美；5. 要有感情；6. 要有创造性；7. 表演形象要好。在这七点当中，尤以"音质、音色要好""音律要美""表演形象要好"较深层次地涉及了音乐美学和表演美学。

在"音质、音色要好"这一节当中，不但涉及音质、音品，还涉及声音美的意识与技术构成及物质构成。张韶先生在《二胡广播教学讲座》中写道："二胡上不同音色的构成：第一，取决于二胡本身的木质、形状、琴皮、琴马等；第二，取决于演奏方法，如按指、颤指、运弓等。在演奏方法上的差别和不同的审美观，就形成音色上的差别。"[1]

在"音律要美"这一节中，张韶先生首次阐述了三种律制（五度相生律、纯律、十二平均律）在美学意义上的应用。强调："二胡独奏时所采用的音律，一般倾向于五度相生律，但在合奏、奏和声时却要倾向纯律；而与平均律乐器（如钢琴）合作时，又要能适应平均律。"[2]

在"表演形象要好"这一节中，初步阐述了练琴和练形的关系。

① 张韶：《二胡广播教学讲座》，上海音乐出版社 1989 年版，第 109 页。
② 同①。

《二胡广播教学讲座》写道："所谓表演形象，首先要求在气质上落落大方，各部位要自然放松，切勿故作姿态，养成一些不良习惯。表演形象应该与乐曲的思想感情吻合。……有些人之所以养成一些不良的姿势和习惯，就是因为只知练琴，不知练形。好的形象是靠平时练琴时经常注意才能培养出来。"①

练习曲部分在编法上注重了下列要求：

1. 音乐性、技术性、逻辑性强，避免繁琐、冗长、雷同，以达到更快、更好的练习目的。

2. 难易有序，重点明确。

3. 在训练方法上练习曲、乐曲并重；技术、基本功并重；民歌、创作乐曲和各类乐曲并重。既注意技术、技巧训练，又注重乐感的培养。

4. 立足于民族、民间，又移植、吸收国外乐曲，专业性强又照顾到业余。

从 20 世纪 50 年代到现在半个多世纪，中国二胡正如张韶先生希望的那样，有了长足的发展。特别是"文革"以后、"改革开放"以来，似乎几十年的惶惑、思考、追求一下子变成了巨大的力量，推动着中国二胡向前飞速发展。思考一下这半个多世纪二胡飞速发展的真正源头正是张韶先生及他的《二胡广播教学讲座》。正是张韶先生的努力及他的《二胡广播教学讲座》让中国二胡真正走上了科学、规范、系统的发展轨道。除此以外，我们还能找到比《二胡广播教学讲座》更早、更为系统的书籍或有关理论吗？

前文曾论及张韶先生和汤良德先生在 1973 年合著出版的《二胡演奏法》，这是一本普及读物，这本书虽简明却非常系统，几乎涉及

① 张韶：《二胡广播教学讲座》，上海音乐出版社 1989 年版，第 112 页。

了现代二胡的全部演奏技法，同时也编选了经典的练习曲，通俗、易学、易练。此书一出，广大二胡演奏者及爱好者如获至宝，可想而知，在当二胡演奏理论极其贫乏的"文革"后期，这本书对普及、提高二胡演奏所起的作用是多么的巨大。现在这本书仍为二胡演奏者、爱好者所收藏，可见其价值和深远的影响。

当然张韶先生也是乘坐在前辈巨人的航船之上，游弋于众多同辈艺术家们智慧的海洋中，最后在二胡艺术的海洋里树立起一座光辉的灯塔，引领着中国二胡这艘航船破浪前行。无论如何，张韶是中国二胡发展史上的一位巨人，一个里程碑。

三、审美观点

在长期接触张韶先生的过程中，我们觉得他的二胡演奏的审美观通俗而浅近，渊源深邃而意义深远。作为演奏家和教育家，他本人一生的演奏和教学都在实践着自己的美学观。我们将张韶先生二胡演奏的美学观点概括为八个字：美琴、美手、美人、美音。

（一）美琴

在讨论张韶先生的这个美学观时，首先来认识几种关系：1. 人与琴的关系；2. 人、琴与作品的关系；3. 琴与作品的关系；4. 人、琴与音乐的关系。

1. 人与琴的关系

在一般的观念中，人是主动的，琴是被动的。因为人是琴的操控者，离开人，琴不会自己发出声音。从这个角度讲，人是主动的，琴是被动的这个观念是对的，在演奏中强调、突出演奏者的主体地位是必要的。可是从另一个角度讲——站在琴的立场上说话，就出现了两个问题。其一，琴由于自身的物理属性而有着严格的规定性，构造上有着严密的数学依据。由此，对音色、音量、音值、音高诸特性起着绝对的制约作用，也可以说这是区分乐器类别的绝对标准。从这个角度讲，琴制约着演奏者，琴是主动的。其二，乐器由于选料、制作等方面的原因，每件乐器都有自己鲜明的个性，而这种个性在某种程度上显示出一定的灵性（在制作过程中，制作者对乐器是实施机械刻板的操作，还是对选料赋予有感情的设计，根据选料特点进行精心制作，从而使乐器充满灵性）。从这个角度讲，演奏者不应违背乐器的个性，演奏者的心灵与乐器的灵性必须进行有效的沟通，产生共鸣，从而达到人琴合一的状态。因此，从这个意义上说，乐器对演奏者也有着一定的制约作用，并非完全处于从属地位。

上述讨论告诉我们，人与琴处于辩证的、统一的关系当中，反过来讲，人与琴统一于辩证的关系当中，而不应过于强调某一方面的作用，而使另一方完全处于从属地位。从现状来看，在人与琴的关系中，应该给予琴必要的重视。在长期的磨合中，培养人与琴的情感，使琴从物理状态进入情绪状态。苏东坡在《琴诗》中说："若言琴上有琴声，放在匣中何不鸣。若言声在指头上，何不于君指上听。"这首诗说的正是优美的琴声来自人与琴的交互感应中。

2. 人、琴与作品的关系

人、琴对于所要演奏的作品来说，处于同等重要的地位，二者缺一不可。如上文所说，当二者统一在辩证关系当中时，才有可能完美地阐释作品。演奏者在演奏的过程中，必须把琴置于和自己同等重要的地位，做到人琴合一，才能进入到阐释作品的最佳状态。

3. 琴与作品的关系

琴与作品作为共同的审美对象，在审美主体长期的审美意识的作用下，形成了一定的稳固关系。这种稳固关系表现在不同种类的乐器各有相应的乐曲，比如钢琴曲、小提琴曲、二胡曲等等。尽管这些乐曲可以互相移植，但其中的区别是极为明显的。即使是相同种类的乐器由于自身的差别，也有着各自相应的表现对象，尽管这些表现对象也可以变换位置，但它们的区别也是极为明显的。这就告诉我们，在表现对象确定的前提下，必须选择好乐器。

4. 人、琴与音乐的关系

这个提法似乎与上述的提法雷同，其实不然。人、琴与作品的关系是指人、琴与声音的关系，强调发音状态和逻辑关系，而人、琴与音乐的关系，是指人、琴通过演奏作品来表现某种特定的情绪，强调的是情感状态和理性状态，二者有本质的区别。《乐记·乐本篇》道："凡音者，生于人心者也，乐者，通论理者也。是故知声而不知音者，禽兽是也；知音而不知乐者众庶是也。唯君子为能知乐。""知乐，则几于知礼也。"这里所说的乐是通伦理的，君子知伦理，所以能知乐；君子知乐，所以几乎知礼。如此看来，这里所强调的"知乐"正说明乐存在于特定的情感状态中。人、琴与音乐的关系就是要阐明人、琴双方都必须进入特定的情感状态和理性状态，才有可能成为某种特定内容的载体。

以上讨论告诉我们，在人、琴、作品、音乐的相互关系当中，琴所处的地位相当重要。如果说"工欲善其事，必先利其器"是从工作效率的角度阐明工具的重要性，那么，古人在弹琴时焚香沐浴则是一种灵性上的沟通。通过这种沟通，使人、琴都达到高度空灵的状态，从而让音乐进入圣洁的境界。这看起来似乎有些神秘，也许古人自有体会，也许古今之人只要虔心做到了，也就体会到了。

中国二胡其形制在发展过程中，受中国"龙文化"的影响是很明显的。从有可能被认定为二胡前身的乐器来考察，都与"龙文化"有着密切的关系。从奚琴到胡琴这个过程虽无明确的文字对其形制进行记载，但从奚琴的图片资料仍然可以找出"龙文化"的痕迹。而《元史》对胡琴的记载则已明确其受"龙文化"的影响："胡琴，制如火不思，卷颈，龙首……"这其中虽无图片佐证，但从"火不思"这种乐器的图片加上"卷颈""龙首"，是可以大体想象出胡琴的基本形制的。近百年以来，二胡从平头圆筒，发展到今天的弯头龙形，其形制已到了成熟期和稳定期，也是比较完美的，其外形的直观感受庄重流畅，同时具有亲切感，极有利于在人、琴之间建立起情感联系。又因为二胡受"龙文化"的影响，很容易对其形制产生深远的联想，从而寄予深层次的情感寄托。这恐怕也是中国人大多喜欢二胡的重要原因之一。

曾经有人认为，中国二胡相对于小提琴来说，其科学性远远不及。其实这种观点不见得正确。小提琴的横向振动方式并不科学，小提琴的演奏形式也很别扭，甚至可能造成病态。中国二胡的垂直振动方式就很科学，同时，在制作过程中已经兼顾了演奏者的实际需求，两手的操作形式、身体的位置等都符合于人的自然生理状态，即使长期演奏也不会觉得累，更不会造成病态。至于二胡的无指板，既是不足，也是长处。无指板便于对音准进行及时的调整，无指板使多种揉弦在二胡演奏上得以实现，从而使二胡音色丰富，表现力得到加强。这些都是小提琴难以达到的。这个粗略的比较无意于褒贬任何一方，而是提醒人们不要在二胡和小提琴之间构筑人为的高墙，甚至认为演奏小提琴比演奏二胡更为高雅、更有文化。二胡的发展当然也存在明显的不足。比如理论上还有待完善，学科建设不够系统等等。但这正好说明我们对二胡还缺少深入的研究，丝毫不能降低二胡自身所具有的潜质及价值。

上述讨论要求二胡演奏者通过对二胡的深入了解，要从根本上对二胡这件乐器建立起信心，在这个前提下建立起对二胡的感情联系，唤起演奏者在情感上对二胡产生美的愉悦，在理性上对二胡产生准确而深刻的认识，在艺术实践中把二胡当成朋友来加以关心和照顾。

在实际情况中也并非如此。本身演奏二胡却贬低二胡的大有人在，这类人为什么选择演奏二胡真是不好理解的。也许只想通过演奏二胡获得名誉、利益，并不想和二胡融为一体去表现真正的音乐、艺术。也有的演奏家对二胡缺乏深刻的理解和认识，把二胡放在从属地位，二胡在他们手中只是会发声的工具而已，演奏中缺少感情因素，也缺少理性因素，难以上升到"知乐"的层次。还有一些演奏家，他们把二胡演奏这门艺术视为生命，倾注了毕生的心血，艺术实践卓有成就。如果听他们的录音（经过处理的录音）可谓完美无缺，可是看他们的现场演奏有时感到很遗憾。他们对二胡缺少必要的爱护、保养，厚厚的松香粉末犹如给二胡抹上了劣质"化妆品"，二胡自身似乎就要发出难以忍受的"呻吟"和"抗议"。这看起来是个枝节问题，而实际上从深层次上看，反映了演奏家对二胡的理性认识和情感状态。脸上有灰要立即洗掉，二胡不如脸；孩子脸上有灰，要立即督促其洗掉，二胡不如孩子；朋友脸上有灰，要立即指出让其洗掉，二胡不如朋友。如此对自己相依为伴、共同来演绎音乐的"伙伴"缺少关心、爱护，何以见得能让自己单独进入圣洁的音乐殿堂呢？当二胡那层厚厚的劣质"化妆品"没有被及时"洗"掉而发出噪音时，其实那就是二胡的呻吟和抗议，它如何和演奏者共同完成神圣的使命呢?

美琴是演奏活动中一个不可缺少的环节,一个重要的环节,忽视了这一环节,就像在演奏审美过程中扯开了一个缺口,使整个演奏审美过程出现空白或瑕疵。因此一个从事演奏的艺术家,"美琴"观念应该体现于他的每次练习、演出的全部环节中,贯穿于他一生的艺术实践当中。

(二) 美手

"美手"是说在二胡演奏中两手(特别是左手,因为在欣赏中人们更多的关注左手)如何做到在保证了演奏高质量的前提下,视觉形象好看。张韶先生特别重视演奏中的左手要美。

怎样的手在二胡演奏中的视觉形象是好看的呢?

1. 物质形态的美手

文学上比喻美手的词语很多,其中莫过于玉手。玉,细腻光洁,晶莹剔透。倘若手真的如玉一般,那美的程度可想而知了。人们对于玉,不光是感觉美,还感觉亲近,因为玉除了上述特点之外,还温润不耀眼。倘若手美如玉,那一定也会让人感到亲切的。为了让欣赏者在欣赏音乐的同时也享受到手的美,演奏者有必要对手加以必要的保养,养成一双玉手,让欣赏者既感到美又觉得想亲近。另一方面养成一双玉手对于演奏也是有极大帮助的。往往演奏者的手细腻柔软,在弦上则流畅如行云流水,发音通透而具有弹性。笔者曾经接触过张韶、蒋巽风先生的手,其柔软程度简直令人无法相信能演奏二胡,更难以置信的是,那样的一双柔弱无力的手却能奏出那样圆润而饱满的声音。其实一双玉手的养成与平时经常处于放松状态有很大关系，放松是奏出圆润、饱满的声音的先决条件。所以养成玉手不光是为了视觉形象美，也是为了音乐。也许有人会说，一双老手如落叶枯枝，哪里来的玉手之美？其实不然，老态固然无法抗拒，但有意识地养成美手却与之并无矛盾。再说老态有老态的美，人们自然也不会要求 70 岁的老人有一双如少女一样的美手。

2. 运动形态的美手

运动形态的美手是指两手在运弓、运指过程中如何体现美。

运动形态中的手怎样才是美的呢？首先，运动中的两手在方法上必须符合公认的正确方法，方法正确是运动形态的美手的前提。方法正确虽不是美的全部，但本身也是美，而方法不正确则会失去所有的美。在两手方法正确的前提下，我们仍然更多地关注左手，这是因为右手运弓时除了腕关节和手指的运动外，整个手形处于相对稳定状态，而手指的运动基本被视觉忽略，所以人们自然把目光集中在演奏者的左手。为了说明运动形态的左手美，让我们从反面——运动形态的不美的左手来说明。

什么是运动形态的不美的左手呢？

一不美——张牙舞爪式。演奏过程中由于左手紧张，手掌、手指不能处于自然的生理状态，而是用力撅起，显得枝枝丫丫，给人的感觉不仅是张牙舞爪，同时会给人带来很严重的心理压力，担心演奏者不知什么时候就会出问题——或者换把不准，或者中途打折。这样，听众时时为演奏者捏着一把汗，比演奏者还累，哪里还有美可言？

二不美——煽风点火式。揉弦过程中一手指在揉弦，其他手指不能处于自然放松状态，而是并拢伸直，随着揉弦像煽风点火一样，看起来很是不美。

三不美——扣压挤兑式。演奏者腕关节及手指第三关节不能放松，拇指紧夹琴杆，揉弦时仅靠上臂的运动带动前臂连同手掌做整体上下摆动，或纯用握力，扣压挤兑，相当难看，效果极差。

四不美——远离千金式。左手远离千金，手形竖起，揉弦无法滚动导致音高不准，只能靠滑揉来代替，看起来别扭，听起来不顺，当然缺少应有的美感。

综上"四不美"在专业演奏者当中屡有出现，业余演奏者则更为普遍。其实避免"四不美"只要做到一美就够了。这一美就是：手形要自然的圆，圆的符合自然的生理状态；腕关节、指关节要松，松的揉弦时犹如弹簧的运动，极有韵律；拇指不扣，上下自然调节，起到一个平衡器的作用；掌指关节灵活而独立性强，触弦位置准确，富于弹性，声音集中，点状性强。这样的运动形态的手就是美手。

（三）美人

美人指的是演奏者的舞台形象要美，而不是指人长得漂亮。音乐的美产生自它的象征意义，人长得漂亮并不能有助于音乐产生美。反过来，如果演奏者不能和乐曲融为一体，把音乐的象征意义表现出来，那么再美的人也是没有意义的。所以，人因为音乐而美。一个世俗眼里原本很丑陋的演奏者，只要能专心于音乐，人、琴、乐三位一体，把音乐的象征意义传达给听众，听众就丝毫不会觉得他丑陋，甚至反而觉得那原来的丑陋也是一种特殊的美。一个很漂亮的演奏者，却做出一些与音乐毫无关系的所谓形体动作，所谓的表演与角色毫无联系，这样的漂亮演奏者常常给听众留下很不好的印象，甚至令人讨厌。张韶先生特别重视自己演奏形象的美，在教学及演出实践中对学生和演奏员总是提出严格要求。

演奏者在演奏时怎样的形象才是美的呢？

首先，演奏者的舞台服饰必须符合特定的文化内涵，演奏者给听众的第一印象来自舞台服饰。舞台服饰是尊重听众人格、尊重听众欣赏心理的一种契机，因为听众欣赏音乐的过程实际上也是消费的过程，这个过程的前夕，听众首先需要看到与音乐内容相一致的形象（完美的、外化的消费品），以至于这个形象能够给听众创造出欣赏音乐的心理准备。往往当听众看到与音乐内容相一致的服饰时，人格的被尊重立即得到满足，充分做好了欣赏音乐的心理准备，这样，一个欣赏音乐的良好开端就具备了。再者，应该把服饰本身看作是表现音乐的一个组成部分，是一种音乐文化，是音乐的外化形态。穿着花哨的衣服演奏《江河水》肯定是不合适的，这恐怕是共识。

其次，演奏者在舞台上应该有端庄大方的台风。所谓端庄大方，"端庄"者，端正庄重。舞台上的端庄能让听众产生肃然起敬的感觉，更可贵的是，能让听众心无旁骛地提前进入欣赏音乐的状态。相反，有的演奏者耸肩塌背，两肩倾斜，两腿大分，极其不雅。毫无端庄之感，更无法谈美，严重破坏听众的欣赏情趣。"大方"者，自然不拘束。"清水出芙蓉，天然去雕饰"，演奏者在舞台上最美的形象莫过于自然。初上舞台的演奏者往往感觉到处都不自在，手没地方放，到处掩藏，可是藏在哪儿都觉得不合适，甚至觉得鼻子不是鼻子，眼睛不是眼睛，浑身都有多余物，表情也极不正常，面部肌肉都在颤抖。这种情形在初上舞台尤可谅解，但毕竟不美，应有意识地在演出实践中锻炼自己，使自己愈趋自然。其实如果能做到不要太执着于"人相"，也不要过于执着于"我相"，而是引导自己进入音乐的意境，可能就会自然得多了。

再次，一切舞台动作必须符合角色的要求，做到情动于中而形于外，否则都是多余的。任何多余的、有悖于内容、角色要求的动作都是不美的。那些画蛇添足的所谓形体只能破坏音乐的意境，损害欣赏的情趣，是很丑的。形体是这样，表情也不例外。有一种莫名其妙的观点很难让人接受，就是要求主持人、演奏者在舞台上都要微笑。实在不解，演奏《江河水》《二泉映月》等乐曲到底怎么能微笑得出来呢？即使笑得出来，这种笑能美吗？

（四）美音

张韶先生的"美音"并不是指一般意义上的优美动听，而是体现在以下几个方面。

1. 发音要通透

"通"指的是演奏者运弓流畅自如，毫无阻滞，发音不涩、不粘、不晦、不暗。在随张韶先生研习二胡的过程中，我们深感在演奏中运弓做到"通"是多么不容易，同时又是多么重要。张韶先生曾说，运弓的"通"与"不通"是区别一个演奏者对二胡的了解深与不深、会不会拉的一个重要标志。"通"与"不通"的声音很难用语言来说明，这里不妨用些浅近的例子来说明，比如行走，"通"的声音好比来去自如的行走，"不通"的声音好比挤在夹缝当中勉强能行走；又比如舟车，"不通"的声音如逆风逆水，似乎"山重水复疑无路"，"通"的声音好比顺风顺水，转眼之间则"柳暗花明又一村"。一般情况下，人们都用"行云流水"来形容通畅的声音，实际上所谓行云流水也就是毫无阻滞的，换言之，能理解行云流水也就理解了什么是"通"了。声音"通"了自然就不涩、不粘、不晦、不暗了。

"透"指的是演奏者发音达到饱满、充分的程度。那么，什么样的声音叫作饱满、充分呢？从正面说，振动体得到了充分的振动而发出的声音就是饱满、充分的声音。从反面说，虚、飘、空的声音就是不够饱满、不够充分的声音。发音的"透"和"通"是密切相关的。"通"是透的前提，没有"通"就不可能透，通了虽然不一定"透"，但却具备了"透"的必要条件。那么如何在发音"通"的前提下做到发音"透"呢？

笔者跟随张韶先生研习二胡，曾得到先生的具体指导，先生曾说，发音是否"透"在于运弓，如果能够做到腰为主宰，腰、肩、上臂、前臂、手腕、琴弓节节贯通，发力如游蛇直达擦弦点，这样的声音就是"透"的。在这个前提之下，可以通过有效的控制发出有层次的"透音"：腰主动，发音层次最深，如物沉在水底；关闭了腰，上臂主动，发音次之，如物悬浮于水的中间；关闭了上臂，前臂主动，发音再次之，如物漂在水面。这样演奏者就可以根据不同需要选取不同层次的声音。

2. 发音要纯正

"纯"者纯净，不含杂质。怎么样的声音才是纯净的呢？先了解一下不纯净的声音：弓杆无故敲击琴筒，发出多余之音，是为发音之"痈"；运弓压力与速度不成比例，压力大、速度慢，发音必噪，是为发音之"野"；压力小、速度快，发音必浮，是为发音之"史"；弓路不对，发音必不集中，是为发音之"散"。音之"痈""野""史""散"都是不纯。二胡演奏如能避免出现上述不良的声音，发音如清水般透明，即是发音之纯。

"正"者，正而不邪。由于左手不能放松，揉弦紧张，造成幅度小而频率高，所发之音近乎颤抖，让听众时时处于精神紧绷状态，是为不正之音；不能根据内容需要有所取舍，千篇一律，左手一直

126

颤抖不停，所发之音一片模糊，是为不正之音；不能根据内容需要有所选择，而是千篇一律，始终用一种揉弦，所发之音单调贫乏，是为不正之音；运弓不稳，发音缓急无当，站立不住，是为不正之音。

3. 音色要丰富

从右手看，虚、实、断、连，提、松、顿、挫，只要需要，可加之各种弓路的变化无所不用，则音色必然丰富。从腰、肩、上臂、前臂、手腕的协调运动看，各种层次的声音都用得其所，则音色必然丰富。从左手看，触弦位置的变化，揉弦与不揉弦，各种速度、各种揉法用得其所，则音色必然丰富。只要上文论述的"痼""野""史""散"之音，各种所谓不正之音，无不可用，则音色必然丰富。张韶先生在拉《二泉映月》最后一段时，就改变了运弓角度，将弓子提高45度，发出苍凉、暗淡、沙哑之音，丰富了音色，增强了表现力。

4. 音品要高贵

"音品"者，音的品位。音之品位犹如人之品位，所谓文如其人，音亦如其人。修养身心，勿使芜杂；淡泊名利，毋藏货心；襟怀坦白，不怀忧戚；读书明理，通达古今。做人如此，品自高洁。操琴弹曲，所得之音，自然不流于俗，不流于媚，清新古淡，品质高贵。

张韶先生的美音观念大体包含以上四个方面，这四个方面的美音观点有对演奏方法、演奏技术的要求，比如发音的通透就取决于运弓的方法、技术的优劣；有对理性的要求，比如发音纯正和音色丰富更多是理性的作用；有对学识、人品的要求，比如音品的高贵则主要取决于人品的高贵。所以张韶先生的美音观念是系统而全面的。

张韶先生的二胡演奏"四美"（美琴、美手、美人、美音）的审美观念，是二胡演奏美学中的经典。观二胡之发展史，特别是自刘天华先生以来，张韶先生应该是第一位多角度、多层面的实践二胡演奏及教学中的"四美"观念。用文字形式对这些审美概念加以总结，虽然不能概括张韶先生二胡演奏审美观的全部，但仅此"四美"对二胡的演奏、教学、理论研究已经有着非常现实和深远的意义。

四、教学体系

张韶先生作为储师竹、蒋风之两位前辈的弟子，完全继承了他们教育观念、教学方法，特别是深得蒋风之二胡流派的教学精髓。而作为二胡教育家，张韶先生又善于博取，融会贯通，其教育观念、教学方法、教学模式，又是独特而自成体系的。

（一）观念论

二胡的演奏最终要想取得成功，从学习过程来看，离不开三方面的要求：首先是要有正确的方法与过硬的技术，其次是要有一定的艺术修养，最后是要有厚实的文化支撑。而从演奏过程来看，成功的演奏首先是有文化支撑，其次是有艺术修养，最后才是方法与技术。这就是张韶先生二胡教学的基本观念。在跟随先生研习二胡和多年接触、交往的过程中，我们渐渐理解了先生的这一观念，同时我们也认识到，先生的这一观念对于培养二胡演奏的专门人才有着重大的意义。

1. 学习过程

首重者正确的方法与过硬的技术。为什么要把方法与技术放在学习的首位呢？道理很简单，从人的发育、成长过程来看，掌握方法和技术是有一定的年龄限制的。

从教学经验来看，二胡演奏的正确方法往往难以掌握，而错误的方法则形形色色，完全可以"无师自通"。到底是什么原因呢？医学与解剖学上的道理太深奥，解释起来往往适得其反。依笔者的经验和对医学的肤浅了解，浅见如下：就二胡演奏来讲，尽管错误的方法形形色色，但原因只有一个，就是不能做到肌肉运动的独立与协调。举例来说，当握紧拳头时往往腕关节不能活动，这就是肌肉独立性没有掌握好。其实我们可以实验一下，握紧拳头，腕关节一样可以灵活摆动，因为握紧拳头主要是前臂首屈肌、大小鱼际肌（部分）、骨间掌侧肌、隐壮肌等参与运动，而腕关节摆动主要是屈腕肌、伸腕肌的运动，这些肌肉各自有着相对独立性。如果我们不能充分发挥肌肉的独立性，就会呈现出拳、腕的整体运动——不该参与运动的肌肉也参与了运动，这样势必造成不必要的体力消耗，从而造成疲劳。而这种整体运动恰好体现了人的潜意识当中的惰性，没有明确的意识加以引导，部分肌肉的独立性就不会被唤醒。演奏二胡的两手就是要用明确的意识加以引导，让肌肉的独立性得到充分的体现。在这个基础上，经过长期的训练，让各部肌肉互相配合、协调运动。而一旦错误的方法形成习惯，再想改过来，往往比学会正确的方法更为困难，所谓习惯成自然。当然并不是所有的学生都不能改，从经验看，有的学生很快就能改掉错误的方法。总结一下，不难发现，根本的原因只有一条——就是明确的意识、坚强的意志。至于心理学上的依据也就不必再说了。可惜，明确的意识、坚强的意志并不是人人都具备，所以改掉错误的方法往往是困难的。

一旦错误的方法形成又不能改掉，那么在学习过程中每提高一步都是极其困难的，而且最终所能掌握的技术范围和技术层次都是有局限的（靠死功夫所得终归有限），因为如果没有正确的演奏方法，有些高难度的技术是永远不可能掌握的。比如泛音串当中的四、五度人工泛音，如果不能解决手指的独立性（食指触弦扎实，四指浮按），那是不可能奏得出来的。所以演奏方法制约着演奏技术的掌握。

二胡演奏技术是一种机能性很强的技术，而掌握机能性很强的技术不光受方法制约，与年龄也有着极大的联系。西方有的理论认为，对小提琴演奏技术的掌握必须在青春期开始之前。"一个学生从7岁至青春期开始时，他的艺术的技术部分已经是一座建好的大厦，这样他从那时起就可以专心致志地去完成更崇高的任务。"① 这一要求固然是为了让学生有充分的时间"完成更崇高的任务"（艺术的任务，作者按），同时也不能否认，当人的骨骼发育基本成熟之后再去练习一些机能性的技术是非常困难的，往往强化练习会有一定的效果，但是一旦荒疏一段时间很快减退，恢复起来相当不容易。而青春期之前所掌握的机能性技术，即使荒疏相当长的时间，也可能在短期的训练后得到恢复，这就是人们常说的"童子功"，似乎青春期之前所掌握的机能性技术，随着年龄的增长已经长在骨子里了。这是人们从实践和经验当中总结出来的现象，也几乎是人们公认的规律，从大量的实践看，极少有人能违背这个规律。至于生理学和解剖学上的道理，作者认为认识和遵守这个规律，比讨论生理学和解

---

① ［匈］卡尔·弗莱什：《小提琴演奏艺术》，北京：音乐出版社 1960 年版，第 354 页。

130

剖学上的道理更为重要！

张韶先生把演奏方法和技术放在学习阶段的首位，是相当有远见的。在今天，二胡演奏的方法和技术如何，对一个从事二胡专业演奏的人来说，成功与否几乎起着决定作用。可以这样说：虽然方法与技术并不等于艺术，但是就高度发展的现代二胡演奏来说，没有科学的演奏方法和过硬的技术，就没有了艺术！张韶先生的二胡教学，对演奏方法几乎到了苛求的地步，从左手大拇指及其他手指处于什么位置、什么指形、怎么活动，到右手如何持弓、持弓深浅等都十分讲究。他早在20世纪六七十年代就有针对性的选编了9条最基本、最简练的机能性练习曲。练习起来既有十分显著的效果，又节省了大量的时间。张韶先生在1989年出版的《二胡广播教学讲座》就移植了小提琴曲《流浪者之歌》，这恐怕是国内最早移植的高难度乐曲之一了（移植过程则是1989年以前的时段）。实际上"文革"结束后，他就开始教授《流浪者之歌》，亲身实践自己的教学观念。现在，中央音乐学院附中乃至于大学本科一、二年级阶段，都会把训练技术放在首要或重要地位。从历届高层次的比赛来看，能够得到大奖的选手首先必然具备了扎实的基本功和高超的技术，否则根本没有可能胜任那些高难度的乐曲，更无从谈到得奖了。

从技术上看一件乐器，从诞生到成熟，必然经过幼稚阶段、成长阶段、成熟阶段。二胡演奏技术上的幼稚阶段就是上把位演奏、不换把或基本不换把，街头巷尾卖艺谋生的演奏是其代表。二胡演奏技术上的成长阶段是以刘天华、华彦钧为代表的多把位演奏，并且有了长弓及初步的快弓技术。二胡演奏技术上的高难度标志着二胡演奏成熟期的到来，这个成熟期就是：音律上由五度律趋向平均律，体现在复杂的自然半音、变化半音及平均律音分值的精确把握上；换把上由传统把位趋向新把位，体现在换把动作复杂多变，完全打破了传统把位的概念，不再是三四个把位、几种动作、有限距离的循环交替；复杂的节奏，复杂的弓、指法，高速度的快弓，高难度的各种泛音相组合的泛音串。这个时期以 20 世纪 90 年代成长起来的青年演奏家为代表，尤以许可、高韶青、严洁敏、马向华等青年演奏家为杰出代表。他们代表着现代二胡演奏技术的尖端。由此可见，随着二胡演奏成熟期的到来，一个专门从事二胡演奏的人没有相应的技术，当然是无法步入真正的二胡演奏行列的。所以，张韶先生"学习阶段技术第一"的观念是非常有远见的。

但是在教学过程中，往往强调了方法和技术却忽视了艺术，其结果是技术上很辉煌，艺术上却很苍白，成了机器一样的"二胡大匠"。这是教学过程中应力争避免的。因此张韶先生在强调学习阶段方法技术第一时，也非常注重提高学生的艺术修养。

如何理解学习阶段的艺术修养呢？艺术修养是指对艺术的理论、知识、情感、思想等方面有一定的水平，也包含艺术上的个性。如果具体到二胡的教学过程中，提高学生的艺术修养主要应包括三个方面。

首先，是对音乐的外化状态——乐谱有比较全面的了解，包括理解乐谱所规定的一些术语、标记、强弱、气口等要求，然后根据学生年龄及自身条件要求学生逐步按要求演奏，再逐渐过渡到让学生养成主动按要求演奏的习惯。张韶先生在教学一首乐曲之前，一般都要求学生按乐谱规定读谱，让学生在读谱阶段就体会出乐曲在表达方面的基本要求，这一点对于学生来说非常重要，学生在读谱中不仅是了解了乐谱的一些规定，同时读谱也是学习乐理的一个重要窗口，通过这个窗口，学生可以学习到更多乐谱以外的知识。

其次，是对音乐的内化状态——作者、演奏者的思想、观念、知识、情感、修养等的融合与体现。这其中包含着一些深层次问题，比如文化的根源与文化的积淀，历史渊源与时代特征，民族感情与个人情感等。这些深层次的问题是二胡教学中最容易被忽视的地方。特别是对孩子，往往认为孩子还小，讲这些深层次问题没有太大的作用，其实这种修养本来就不是一朝一夕能立竿见影的，而要有一个长期的、潜移默化的过程。学生在长期的熏陶中，慢慢地受到感染，艺术上的修养当然会逐渐得到提高，艺术个性也会逐渐形成。大量的实践证明，教学过程中有无这种熏陶其结果是大有不同的。

再次，所有的乐曲处理都是为了体现上述两个方面。乐曲处理的目的是为艺术服务的，既是如此，那么乐曲处理必须有所依据，必须能够表现一定的思想、感情、意境等等。毫无根据的乐曲处理犹如盲人摸象，或如画蛇添足，一则偏离太过，二则成为赘疣，只能破坏作品，轻则使作品显得不伦不类，重则使作品面目全非。因此乐曲处理最能体现出演奏者的艺术修养。

如果二胡的教学过程始终能够坚持以上三点，那么对提高学生的艺术修养，培养学生的艺术个性是有极大帮助的。

在注重了方法、技术和艺术修养的前提下，还要不断地提高学生的文化修养。应根据学生的年龄、知识结构，不断引导学生多读书，特别是有目的的学习中国古典文化，读一些诗歌、散文等，有条件的还应该适当学习古代经典著作，了解本民族的欣赏习惯和审美情趣，了解本民族的历史文化、风土人情。由于现代二胡已表现出走向世界的趋势，所以一个二胡演奏者也要适当地了解西方的历史文化、欣赏习惯和审美情趣。

按照现在书面的解释，文化是人类在社会历史发展进程中所积累的物质财富与精神财富的总和，但这未免太过广泛了，我们简单一点说，文化不仅仅只包含着书本知识。子夏曰："贤贤易色；事父母，能竭其力；事君，能致其身；与朋友交，言而有信。虽曰未学，吾必谓之学矣"（《论语·学而》）。所以提高文化修养至少还包含子夏所说的几个方面。韩愈曾说："师者，所以传道授业解惑也。"所谓"传道"，传的即是立人的道理，所以提高文化修养，"传道"也是一个重要的方面。

在二胡的教学过程中，就普遍情形来看，文化方面几乎被遗忘殆尽。一个演奏者过了青春年华，当其音乐需要表现一定内涵时，由于缺少厚实的文化底蕴而显得苍白。张韶先生的目光是深邃的，他曾经说过："中国艺术需要中国文化来做支撑。"本文不妨延伸一下：艺术需要文化来作支撑。

我们在论述张韶先生关于二胡教学过程的观念时，从理论上分清了层次：正确的方法与过硬的技术，一定的艺术修养，厚实的文化支撑。这样论述，一是因为二胡的教学由于孩子的年龄原因，确实应该有主次之分，教学过程的不同阶段应该有所侧重；二是要表明一位从事二胡教学工作的老师，对教学过程中各个阶段的侧重点应该保持清醒的认识；三是要引导学习二胡的人对此要有足够的认识。实际上教学过程的不同阶段虽各有所重，但成功的教学是缺一不可的，可各有所重，却不可偏废。

2. 演奏过程

成功的演奏首先是有文化支撑，其次是有艺术修养，最后才是方法与技术。

为什么成功的演奏首先是文化支撑呢？

我们在谈论艺术时，经常重复着"越是民族的就越是世界的"这样一句话。这句话到底应该怎样来理解呢？民族的与世界的到底是一种怎样的关系呢？

对这两个问题，先哲和伟人们是有所论述的，但那要不失之深奥，要不失之简约，本文姑且不去寻找他们的答案。其实要理解这两个问题并不难，我们不妨把艺术的世界也比喻成一个大花园，这个大花园里不能只有一种颜色，不能一枝独秀，否则即使是像一片蓝天那样纯洁，没有了日月星辰的辉映，也将黯然失色了。所以这个大花园必须是百花齐放、万紫千红，才有可能五彩缤纷、春意盎然，构成这个大花园里的百花正是世界各个民族自己具有的个性和特色的艺术。而世界各个民族所具有的个性和特色的艺术，正是植根于自己的土壤里才能成长起来的。还是中国的老祖宗睿智，"淮南柑橘淮北枳"说的就是一方水土养一方人，什么土壤结什么果，可见土壤之重要。那么这个土壤是什么呢？毫无疑问这个能培植出艺术之花的土壤就是各民族自己的文化。所以失去自己文化土壤的民族是注定开不出自己的艺术之花的，这也是一个反证。所以越是民族的（越具有鲜明的个性、特色）就越是世界的（越能成为世界艺术花园里一朵耀眼的鲜花）。世界艺术的大花园就是由这样无数独具个性而耀眼的鲜花构成的。这就是世界与民族的关系。

每一位演奏家的演奏，实际上都是在向人们展现自己精心培植的民族艺术之花。试想，如前文所说，如果离开本民族文化的土壤，也就是失去了本民族的文化支撑，那能开出一朵什么样的花呢？张韶先生把文化支撑作为演奏的首要，真是站得高、看得远啊。

听一个青少年的演奏，我们往往注意到了他的技术、基本功、乐感等，或过多地听到了他的青春气息，而很少评价他所表现的内涵，这是因为我们谅解了他的年轻；但当一个演奏家步入中年，人们已经不再过多关注到他的技术、基本功、乐感、青春气息等，而转为关注他的演奏深度，如果这个时期人们仍然不能从他的演奏当中听到应有的蕴涵，那么，他的演奏生涯就将要结束了。那么，人们所要求听到的深度、蕴涵到底是什么呢？答案是：这个所谓的深度、蕴涵正是"文化支撑"。没有文化作支撑，是一些技术辉煌，而艺术平平的中青年演奏家的致命弱点。所以，演奏阶段必须首先有文化支撑。

具备了文化上的支撑，至于艺术上的修养、技术上的精湛则如前文备述已无须再论了。有一句话不妨重复一下：完美的演奏是文化支撑、艺术修养、技术精湛的完美体现，缺一不能算是完美，也不可能完美。比如有文化支撑和精湛技术，而缺乏艺术修养的演奏必"质"胜于"文"，"骨"多于"肉"；有艺术修养和精湛技术，而缺乏文化支撑的演奏必"文"胜于"质"，"肉"多于"骨"；有文化支撑和艺术修养，而缺乏精湛技术的演奏必"文""质""骨""肉"都无法实现。所以尽管论述上有先后，而实际上缺一不可。

以上从教学过程和演奏过程两方面论述了张韶先生的教学观念。作者受教于张韶先生，感受颇深，同时感到先生的这些观念不仅是对于二胡，无论对于哪种乐器的教学和演奏都是必可遵循的大道。先生桃李满天下，他所培养出的成功的教育家、演奏家历历可数，这与先生先进的教学观念是分不开的。"大象无形"，今以有形说无形，未免浅陋，但求对二胡的教学、演奏有所裨益。

（二）方法论

论述张韶先生教学方法的必要性，是从普及和普遍情形看，笔者认为从事社会（区别于学院）二胡教学工作的老师们需要了解二胡应该怎么教（即便是学院的老师，也并不是人人都深入了解二胡的教学法）。本文论述张韶先生的二胡教学法以先生的教学实例为依据，目的就是愿能对从事二胡教学工作的老师们有所启发，以资互补。同时，避免出现人为的制造窠臼，束缚人们的思路。

关于教学方法的论述，中外理论家们及教科书上有不少经典式的总结，但也很难说不存在失之深奥或失之简约的弊端，所以笔者认为还是通俗为好。无论多少总结都不足以概括教学法，因为教学始则有法，而终无成法、无定法。张韶先生的教学法正体现了这一点，所以是不好用公式化的语言来表达。本文的论述实际上是照录张韶先生的教学实例，有兴趣的读者可以根据这些实例，用自己的思维方式概括张先生的教学到底是用了什么思维、什么法。

1. 《田园春色》的教学实录（1）

教学对象：初级。——重在打好基础，渗透情境教学。

第一节课（第一周）：两三个刚有点基础的小朋友围着老师听老师讲解、分析乐谱；

师生共同视唱乐谱；

老师示范演奏；

老师讲解弓、指法并要求学生独立视奏；

老师分别检查视奏效果，分别指导；

学生互相观摩，老师重点指导、重点示范；

提出课后练习要求，了解乐谱有关常识，脱谱演奏。

第二节课（第二周）：老师检查练习效果，表扬、鼓励并给予必要的指导、纠正（不必过于严格）。

艺术熏陶：春天来了，小草钻出地面了，带着泥土的气息，嫩绿而柔软；

小野花也开放了，星星点点的像眼睛眨呀眨的，随风飘来阵阵芳香；

蝴蝶们在花间飞来飞去，忙忙碌碌；

树也长出了新叶，在温暖的春风中沙沙地响……春天多么美好啊，在这样的环境里我们是多么的愉快啊！我们要通过演奏《田园春色》把我们愉快的心情表达出来。

学生演奏，老师指导：要想把我们愉快的心情表达出来，我们必须把这首曲子演奏得轻快、活泼；

要想演奏的轻快、活泼，必须对乐曲进行一点艺术处理；

进行必要的艺术处理；

学生再练习；

组织学生课堂表演；

布置新课预习。

2.《田园春色》的教学实录（2）

教学对象：中、高级。——了解文化背景，体现文人气息。

了解乐曲产生的时代背景：这首优美动听的小曲是陈振铎先生于20世纪30年代创作的，不仅为二胡初学者必拉曲目，中、高级别学生应进一步演奏好这首小曲。

作者简介：陈振铎是刘天华先生的三大弟子（另两位：储师竹、蒋风之）之一，对中国二胡的发展做出了重大的贡献；

了解作者思想感情：作者热爱祖国，热爱家园，热爱生活，向往美好；

面对新时代、新生活深入体会"轻快、活泼"；

学生独立寻找能够表现"轻快、活泼"的艺术手法；

教者肯定学生的努力并提供自己的艺术处理手法；

启发学生的个性化演奏。

文化熏陶：陈振铎先生不仅是位二胡演奏家、教育家，对于国学也有着很深的修养，他的"轻快、活泼"具有浓郁的文人气息，

《田园春色》充分表现了这一点。同学们应该在长期演奏二胡的过程中养成读书的好习惯：诗歌、散文、小说等等都要读一些。

3.《空山鸟语》教学实录（1）

教学对象：初、中级。——技术先于艺术、文化。

引子：技术要求体现在：跳把准确，特别是八度跳把。练习时要求保持跳把的感觉，利用过渡音的桥梁作用。运弓流畅，强弱分明，奏出山谷回声的效果。

第一、二段：呼应式进入，强、弱对比，模拟鸟声与山谷的呼应，体现鸟儿们身处幽静当中的"兴奋"。对乐谱及弓、指法略做调整（详略）。

第三段：音乐上要求句与句呼应（强弱比），段与段（同段反复）呼应（速度比）；技术上可做同音异指的经典练习。

第四段：轮指部分尾音加空弦音"5"，奏出余音缭绕、空谷回声的效果。技术上要求高度放松，高抬指，轮起来，务必使每个音呈颗粒状。可作为活指的经典练习。

第五段：对乐谱略做调整，所有绰、注都加余音"5"，使其有呼应的效果。段末适当加强形象的鸟鸣，以增加趣味性。

尾声：首尾呼应，一气呵成，务求与全曲不可分离。

4.《空山鸟语》教学实录（2）

教学对象：高级、大学本科生、研究生。——文化、艺术先于技术。

引子：演奏出意境——深山幽谷，清新古淡。演奏时要用饱满而有弹性的长弓；发音通透，充分共鸣；上下句相映生辉而余音袅裹，引导人们进入"空山不见人，但闻人语响"的意境。文化背景：王维（唐）之名作《鹿柴》："空山不见人，但闻人语响。返景入深林，复照青苔上。"王维十分喜欢山水田园的优美景色，曾在《送崔九》的诗中说："归山深浅去，须尽丘壑美。莫学武陵人，暂游桃源里。"意思是既然归隐山林，就尽情享受山林的风光和幽美，不要像武陵的渔夫那样，由于好奇，错把世外桃源作短暂游历。王维的山水之情可见一斑。

第一、二段：既表现"鸟歌"互答的活跃、激动，又表现鸟儿与自然的融合（天人合一），其情也真，其趣也谐；天真烂漫，活泼开朗。

第三、四、五段：以鸟鸣表现鸟儿们的喜悦、兴奋。文人情怀：刘天华先生通过《空山鸟语》表达自己热爱生活，热爱家乡，对家乡的山山水水都充满热情的情感。演奏鸟鸣不求形象而求神似，体现鸟鸣的人格化。

张韶先生的这些教学方式灵活多变，思维活跃，但是用什么语言能对先生的教学方法进行概括总结呢？从照录的几个教学实例来看，同一首曲子由于教学对象的不同，教学方法、内容、要求显然是不同的。这不光是因材施教，也主要体现张韶先生自己的教学观念。读者自可斟酌，举一反三，也许所得胜过所有的文字总结。

以下是学琴偶记，记录了笔者随张韶先生学琴的零星片段，借此亦可对先生的教学有所感悟。

学琴偶记之一。数年前随张韶先生学习《汉宫秋月》，第一句往往反复拉上几十遍，先生还是摇摇头："味道不够，再去听（蒋风之先生）录音，去模仿。"接着他回忆当年跟蒋风之先生学琴的情景，"半天能学会一句就不错了，有时好几天也学不好。"——重视模仿。

学琴偶记之二。张先生给我们讲《蓝花花》，反复推敲、琢磨。第一段"蓝花花好"，足足练了两周，才勉强达到张先生的艺术要求：优美、流畅，充满热情和女孩子的娇羞。——细节上精雕细琢。

讲到"抬进周家"这一段，更是情动于中，每讲一次，师生一起掉泪，那种情形是终生难忘的。——注入感情。

对于这种教学，一开始不理解，觉得进度太慢了，后来才体会到这样的授课真是事半功倍，是真正的捷径。先把一句、一段学得好，学得精，然后便可以举一反三。譬如学好《汉宫秋月》一首曲子，固然要下很多工夫，可能要几个月才能揣摩出韵味，但学好这一首，对于《流波曲》《二泉映月》《病中吟》《鸥鹭忘机》等等，自然有很大帮助，甚至对于终生的二胡演奏，都不会流于肤浅。这比那种走马观花式的教学，自然高效得多。这也是教育的艺术。张先生自己说，这种教学是对蒋风之的继承，是对蒋派二胡精神的继承，是人文的继承。

学琴偶记之三。张先生教我们演奏《月夜》，到了第一段第20—28小节，先生说，这一段是仙女在云中吹箫的声音，弓法要绵延流畅，声音要虚无缥缈。乐曲结束一个音要求摇晃琴杆，似乎这个音又向那个吹箫的仙女飘去了。先生的艺术修养、艺术想象真是无可比拟。——超凡的艺术想象力。

学琴偶记之四。先生教我们演奏《空山鸟语》，到了最后，先生说这段结束是大鸟叫小鸟："起床了，起床了。"小鸟懒洋洋地应道："起来了，起来了。"大鸟又叫："快起来！"小鸟不耐烦："起来了。"大鸟生气了，放大嗓门喊道："快起来！"小鸟们都醒了，大家回答道："起来了，起来了……"于是大鸟带着小鸟们扑腾着翅膀叽叽喳喳地飞走了。——人文精神。

学琴偶记之五。先生教我们演奏周耀锟先生的《音乐会练习曲》，到了第 66—73 小节，先生说要模仿出巴乌的效果，体现地方特色，使练习曲音乐化。听了许多人演奏《音乐会练习曲》，从没有听过像先生这样处理的，真高明。——体现特色、风格。

学琴偶记之六。先生教我们演奏《二泉映月》，许多打音用小二度，且用指肚触弦，奏出一种模糊的、暗淡的效果；所谓拨弦实际上是带起音（手指按紧在弦上猛地抬起带出一个声音），这个音必须若有若无，才能表现阿炳的神韵。最后一段主题出现时把弓子提起来演奏，奏出一种萧瑟而凄凉的效果。先生对二胡表现手段挖掘之深，令人惊叹。——突破常规。

从几例"学琴偶记"看，张韶先生的教学更是毫无拘束，但万变不离其宗，处处体现文化、艺术，体现他的教学观念。

（三）形式论

器乐的教学古时靠口传心授，一个师傅可传数个弟子，由于弟子的资质不同，传法也不同，结果弟子的水平、风格相去甚远。这样的教学实际上是因材施教，教学的成果是弟子各有精彩，避免千人一面。今天的器乐教学虽然不再是口传心授，而是有据可依，但其一对一的教学形式则是相同的，教学的成果自然也有很多相同之处——许多演奏家就是这种教学的成果，但是这种形式对于普及教学来说却并非最好的方式。

时代不同，随着人们物质生活水平的不断提高，人们的业余生活也日益丰富，学琴的人越来越多，但是绝大部分人学琴并不是为了谋生，而只是兴趣、爱好，丰富业余生活，至多是提高点艺术素养而已。这样一对一的教学就显得费时、费力、费资源，并不是最好的教学形式。同时一对一的教学形式不利于培养起步阶段孩子的

142

学习兴趣，而对成年、中年、老年业余爱好者更不合适，因为他们更多需要的是愉悦身心，一对一的形式显得很孤独。

"文革"以后，针对这种情形，张先生曾提出，孩子学琴两三个一小组，以更好地培养孩子的兴趣；成年业余爱好者可以更多一些编组，以适应他们愉悦身心的要求。

从数年教学实践看来，这种教学形式非常好。从结果看，孩子学琴学得最好的都是两三个一小组的。他们在一起有比较、有竞争，一般都不甘于落后，可以互相学习、互相交流，甚至可以产生小老师，兴趣大增。

张韶先生一生的演奏、教学，尽管自成体系，但没有停留在自己所取得的成就上，实际上始终在实践中不断探索。1999年，先生曾谈道，二胡技法理论不少，但缺少科学性，缺少说服力（先生在教学中每纠正学生一个方法的错误，都要说明科学依据是什么）；教材不少，但跨度太大，缺少系统性；教学虽然普及但缺少规范性。针对这些问题，先生曾对笔者要求："你今后的研究课题就应该是二胡演奏、教学的科学化、系统化、规范化。"这说明张韶先生一生的演奏、教学虽然取得了非凡的成就，但是由于他的高瞻远瞩，仍然看到二胡的演奏、教学存在诸多问题。笔者对先生的二胡演奏、教学进行有限的总结，也是为了完成先生"二胡演奏、教学的科学化、系统化、规范化"愿望。

五、厚德载物

"德艺双馨"向来为评价艺术家的崇高标准。"德艺双馨"虽然并无具体标准可资参阅，但艺术家一生的艺术实践、立身处世无不向世人昭示其德、其艺。张韶先生可谓"德艺双馨"。"德艺双馨"也正是他一生的艺术实践、立身处世的最好总结。本节即以张韶先生的立身处世作为依据,论述张韶先生的"厚德载物"。

孔圣人之所以为圣人,处春秋乱世而开历史先河,创办私学,从此学在官府与学在民间并举。不惟如此,孔子说:"自行束脩以上,吾未尝无诲焉"(《论语·述而》)。这就是说以一束干肉作为礼物,孔子即可收为门徒。少时在学校读书,适逢"文革"后期批判孔老二,说他因穷困潦倒,靠收门徒糊口,乃至于学费只有一束干肉,寒碜乎,太过乎。现在看来那些"聪明人"其实是批错了,因为据多种史料记载,孔子广授门徒时虽不为政,却有俸禄,不至于穷困潦倒,反而周济过一些穷学生。《论语》的有关章节也可资佐证。孔子返鲁,鲁亦以大夫告老之礼待之,何至于穷困潦倒?一束干肉不过是确定师生关系的简单而必要的仪式。而一束干肉即使是平民百姓也能拿得起的,这就意味着平民百姓也有资格到孔子那里接受教育了。这就是孔圣人的"有教无类"。"有教无类"对于发展和传承中国文化不知起到了多么巨大的作用,如是则可见孔子的伟大了。

"有教无类"始于两千多年前的孔子,那是圣人之举。而在两千多年后的今天也不是谁都能做到"有教无类",即便是官学,各类学校层次分明,等级森严,何况私学呢,唯利是图的比比皆是。

艺术教育也不例外。倘若真能做到"自行束脩以上,吾未尝无诲焉",与圣人何别。其实二胡界能做到"自行束脩以上,吾未尝无诲焉"的前辈是有的,多年前笔者父子曾受教于张锐先生,近年又曾受教于蒋巽风先生(另文有专述),而笔者父子均未曾"束脩以上",却受到两位先生的谆谆教诲。如是者多矣,两位先生不亦是乐界圣人!

本节专论张韶先生的"凡天下之二胡英才，无论门第，无及长幼，未尝无诲"（笔者语）的二胡圣人之大德。

台北《北市国乐》载李明正先生文称张韶"历史赋予他承上启下的重任，他上承刘天华先生及其第一代传人储师竹、陈振铎、蒋风之诸教授之衣钵，下开闵惠芬、甘柏林、蒋才如、刘长福、周耀锟、王曙亮、姜建华、张玉明、张方鸣、张连生等人之端绪"①。如此可以说自刘天华及其第一代传人储师竹、陈振铎、蒋风之诸教授以下，凡二胡诸人与张韶先生无关者恐怕甚少。无怪乎有人说："只要你是拉二胡的，就可能直接或间接的是张韶先生的学生。"此话并不为过，从间接的一面讲，张韶先生最早出版了系统的二胡论著及各种教材，总销量达300多万册。试想，仅在国内有多少二胡爱好者、演奏者、研究者没有从这些论著及教材中获得二胡演奏、教学、理论研究的"真经"呢？直到今天，张韶先生的论著仍然是二胡演奏者、老师、理论家必须研究的范本，其为先师不是很合适吗？笔者幼时拉二胡只是家学，及十五六岁得到先生的《二胡演奏法》，如饥似渴，废寝忘食，技艺精进令周围同其艺者大为吃惊，古语曰"有如神助"，如是者全国何止千万？

20世纪"文革"期间，刚刚呈现出良好发展势头的中国二胡又受到了人为的干扰。所幸有志于将中国二胡发扬光大的仁人志士热情始终不灭，精神尤其顽强。这个时期，在北京通向张韶先生住处的胡同里，二胡学生、学者往来不绝于道，而在他简陋的寓所里则经常济济一堂，琴声飞扬。李明正先生在《当代二胡界的十冠艺术家》一文中说："（张韶先生）这位德高望重、慷慨大度的二胡名家，团结了大陆一大批二胡演奏家及众多二胡酷爱者，自然形成了以张

---

① 台北《北市国乐》，1994年总100期杂志版第18期，第3页。

韶先生为中心的二胡艺术'沙龙'，为他后来组织成立'北京二胡研究会'奠定了良好的基础。"① 这段时间里，尽管张韶先生也曾经历过风风雨雨，但他仍然以极大的责任心和勇气，以自己的形式，用自己坚实的臂膀勇敢地承担起了发展中国二胡的重担。

他高瞻远瞩地引导着大家朝着二胡发展的健康、正确方向前行，热情鼓励人们树立起对发展中国二胡的信心，无私奉献给人们的是自己多年对二胡潜心研究的心血。特别是在那个经济落后、物质匮乏的艰苦岁月里，为了二胡，他不惜用自己有限的收入为大家购买资料，购买生活用品。有时为了能买到一只鸡为学生改善生活，他会起早去排队。多年以后，张韶先生仍然身居斗室，出入公交车或自行车，跟那些居则豪宅，出则华车的演奏家相比，显得有多贫穷，甚至寒酸。但是，他不贫穷，他富有天下二胡，富有天下二胡人的心，他富有满天下的桃李。

张韶先生直接和间接的学生不计其数。他早期培养的著名学生有甘柏林、王曙亮、蒋才如、刘长福、张强、孙奉中等。1973 年，著名二胡演奏家闵惠芬也得到过他的指导。他对姜建华、于红梅的成长更是倾注了多年的心血。而那些不知名的拜访者，慕名前来求学的业余爱好者无法以数记。张韶先生教授或指导这些学生有一个共同特点，就是无论你来自哪里，无论身份高低贵贱，只要执着于二胡，都给予悉心指导。而这些学生绝大多数都未曾"束脩以上"。

1997 年，笔者在北京一个偶然的机会认识了张韶先生，那年先生 71 岁。他在听了笔者拉了四首乐曲之后说："你的《汉宫秋月》《二泉映月》拉得很好，但《音乐会练习曲》（周耀锟曲）的泛音部

---

① 台北《北市国乐》，1994 年总 100 期杂志版第 18 期，第 4 页。

分演奏方法不对，所以吃力不讨好。"接着先生留下了电话说："晚上6点钟你给我打电话。"笔者如约给先生打了电话，先生说："你到我家来，我教你泛音怎么拉。"听到先生的话，当时激动的心情久久不能平静，似乎难以相信即刻就能得到大师的教诲。同时也有些顾虑，因为曾听人说：中央音乐学院的教授们上一节课要几百块钱……随即来到了先生家，只带了个小礼物。适逢师母老人家有恙卧床，先生就拿着二胡在楼梯口教会了笔者泛音的拉法。可是先生和师母怎么也不肯收下那个小礼物，更不取分文。这是笔者第一次接触、第一次受教于先生。回来后，笔者在想，笔者作为一名普通教师，本和先生素无相识，非亲非故，何劳先生不吝赐教呢？

从北京回来后，张韶先生给笔者来了一封信，信里说："……你是一位极少见的二胡爱好者，把二胡视为生命，什么都可以不要，二胡不能不要。这种精神十分可贵。你的《汉宫秋月》拉得这么好，已很不简单！"接到先生这封信，笔者明白了，先生并非是对某个人有特殊情感，而是对中国二胡有特殊感情，对发展中国二胡有着强烈的责任感。苟利二胡之发展，凡天下之二胡英才，无论门第，无及长幼，未尝无海。此时，笔者明白了，回报先生的付出不应该是那样的小礼物，而应该是在研究二胡上取得成绩。从此，笔者决心以毕生精力来研究二胡，不光是以此回报先生，亦是如先生一样把自己融入中国二胡的事业。此后，笔者父子都成了先生的学生，数次往来于北京，有时住在先生家长达半年之久。为了能专心研究二胡，先生为笔者请了钟点工，专事做饭、洗衣等杂事，一应开支全由先生负担。令人终生难以忘怀的是，去先生家时先生曾问笔者带了多少钱，笔者据实以告，但当时颇为不解。等离开先生家时，先生又问，身上还有多少钱？笔者仍据实以告，万万想不到的是，先生立即拿出钱来补足如初，说："你来时身上有多少钱，回去还要保证身上有多少钱!"那一刻,笔者心里真不知是何种滋味,只觉有眼泪冲到眼眶里,但是笔者忍住了没有让它流出来,心里想:从此这一身骨肉就是二胡的了。笔者上火车前,先生来送行,塞给笔者一个鼓鼓的信封,说:"你儿子刚上大学(二胡专业本科),经济困难,这个拿去交学费。"那时,笔者根本没有力量拒绝先生,只有老老实实地接受了这个鼓鼓的信封——里面装着整整一年的学费。在火车上,笔者不曾说一句话,只是在想:唯有把这一身骨肉交给二胡事业,且必须有所成就,才能回报先生大恩之万一。

以后的日子里,常有友人对笔者说:"你是遇到了贵人。"笔者说:"不是遇到了贵人,而是遇到了圣人。"在张韶先生那里,笔者只是许许多多既受到他的教诲又得到他的资助的二胡演奏者、研究者、爱好者当中的一个。

孔子感叹过:"文王即没,文不在兹乎?"(《论语·子罕》)孔子的有教无类是出于对传承和发扬周文化的强烈责任感。假如没有孔子,周文化的传承和发扬可能会遇到困难,也许有失传的可能,我们今天可能读不到《诗经》、看不到《春秋》。张韶先生的"有教无类"是出于对发展中国二胡有着强烈的责任感。自刘天华及储师竹、陈振铎、蒋风之三位弟子过后,中国二胡到了张韶先生这里,无论理论系统,还是艺术表现领域都达到了一个前所未有的高度。张韶先生正是通过"有教无类"的形式尽可能让更多的二胡演奏者、研究者、爱好者直接获得对中国二胡的再认识。如果没有他,中国二胡的发展也可能遇到更多的困难,发展速度可能没有今天这么快,层次可能没有今天这样的高。至少如张韶先生的理论系统,还需有人进行更长时间地探索、总结。

本文论述张韶先生的美德只是突出了他"有教无类"的大德。其实何止于此。君子无日违仁,无事违仁。《易经》曰:"天行健,君子以自强不息；地势坤，君子以厚德载物。"张韶先生如天之高大刚毅，地之厚实和顺，容载万物，以深厚的德泽、博大精深的学识承载着发展中国二胡的重任。老子曰："上善若水，水利万物而不争"（《老子·八章》）。张韶先生善行如水，育人利物，泽被万方而不争名利。

我们在论述音乐之美时，往往忽视了美德与美艺之间的关系，其实中国艺术德之美与艺之美的内在联系是十分密切的。有云"艺乃有德者居之"，言下之意是无德亦无艺。无德亦无艺历史上不乏其例，宋朝秦桧、蔡京未尝不是书法家，但未见几人学书于秦、蔡之流。就其内在原因，中国艺术的灵魂向来就是人与人、人与天、人与自然的和谐统一。如秦、蔡之流的恶德败行彻底违背了这一点，哪来的艺术呢？尤其是中国的音乐艺术，有别于西方。中国音乐艺术的最高境界乃是"和"，而"和"是容纳万有的宇宙气魄、对立调和的互补原则的集中体现。大德既如是，则大美必如是。有大德，未必有大美，然有大美则必有大德。张韶先生即是大德如是，大美如是，所以人们称他的艺术品位、人格魅力，都是无与伦比的。其实张韶先生一生的音乐活动始终统一在人与人、人与天、人与自然的和谐之中，唯如此方能成就了大德与大美。

结　　语

在将要结束本文时，笔者并不感到轻松。因为张韶先生的二胡演奏艺术实在不是一篇文章所能承载的。对此笔者只能适当加以剪裁，倘能剪裁得当，使先生的二胡演奏艺术得到弘扬，有助于中国二胡的发展，则为欣慰；倘若剪裁不得其所，使先生二胡艺术的一些精华得不到彰显，则为愧疚。如此即不能轻松。在完成上述几个专题以后，回头一看，原来专题之外的张韶先生仍然熠熠生辉。

子曰："三人行，必有我师焉。择其善者而从之，其不善者而改之"（《论语·述而》）。说的是好学无常师，能者、善者为师。这方面在张韶先生一生的治学过程中表现得最充分。观先生的教学、交流、讲座，无论参与者年龄大小，层次高低，只要发现长处，无不虚心汲取，并会认真记录在案。好学、善学，不文过、不贰过，从善如流是张韶先生能够博大精深的最根本原因，为诸多后学们之表率。

《盘铭》曰："苟日新，日日新，又日新"。张韶先生不仅博大精深，而且思想活跃而不保守，不拘成规，更不闭关自守，故步自封。多年以来，中国二胡究竟在如何发展，一直在民族化、西洋化的问题上争论不休。张韶先生早就明确的以实际行动做出了回答：早在20世纪50年代，他就吸收了小提琴的长处，在二胡上改用钢弦，使二胡的音色、音量都得到了改善；又倡导改革二胡的琴轴；最早吸收小提琴、钢琴的理论系统，完善和推进二胡演奏、教学的规范化、系统化、科学化的进程；很早就移植并教学西方小提琴乐曲（《流浪者之歌》），使二胡的演奏技法和理念得到空前提高和更新。

许多著名的演奏家在教学时，要求学生完全像他（她），要求学生复制他（她）的作品，甚至复制他（她）的动作。他们把学生放置在他们自身的背景下学习，而不是放置在整个民族文化的背景下学习。结果学生的整个学习过程始终处于被动状态，个性长期受到压抑，艺术思维处于休眠状态，毫无创造性可言，甚至也不敢对老师的模式有所突破。这样的老师只能是初级的老师，最终是培养不出真正的演奏家的。从张韶先生一生的演奏、教学、研究的善为人师、择善为师、自我更新、鼓励创新的气度及成果来看卡尔·弗莱什"应该尽可能多的听伟大的小提琴演奏家的演奏，而尽可能少的和他们中的人学琴"① 这段话，还是有着深刻的道理的。

在长期的接触和研究张韶先生的过程中，有一个很深的感受：今天在众多的二胡演奏家中，像张韶先生这样的老一辈大师似乎很难再有了。部分演奏家过了青春年华，人们不但不想再听其演奏，更不愿意看其演奏，因为听则味同嚼蜡，看则如观杂耍，缺少艺术品位和文化修养。子曰："吾十有五而志于学，三十而立，四十不惑，五十而知天命，六十而耳顺，七十而从心所欲，不逾矩"（《论语·为政》）。这段话告诉我们，人生各个阶段所追求的目标、所要实现的价值观并不一样。人们欣赏演奏家的各个阶段的演奏要求也自然是不同的。如同一艘船，承载不够自然快而漂浮，反之则深沉。看龙船竞渡，人们感慨于它的花哨和速度，但看一艘大船，人们还是要看它的承载能力。如果相反了，人们反而觉得不伦不类。一个演奏家年轻时可以是赛龙船，而到了而立、不惑之年就应该有所承载，到了知天命、耳顺之年当然应该承载更深，而这个承载就是不断提高的艺术修养，不断充实的文化含量。所有这些，我们都可以从张韶先生这部深厚的"经典"中找到答案。

2006 年于江苏连云港

朱春光　中国人民解放军空军航空大学讲师。

朱泓光　江苏省演艺集团锡剧团主胡。

朱万斌　中学教师。

---

① ［匈］卡尔·弗莱什：《小提琴演奏艺术》，北京：音乐出版社 1960 年版，第 353 页。

附录一　阿炳和他的《二泉映月》

◎ 张　韶

　　在无锡的旅游胜地锡惠公园内，人民政府于 1984 年修建了一座特殊而简朴的墓碑，上面刻着"民间音乐家华彦钧之墓"。1987 年，北京市政府在陶然亭公园内也修建了仿造华彦钧之墓的"二泉亭"。这两座一南一北的墓地，我抱着敬仰和怀念的心情先后拜谒过五次。华彦钧得到人民的爱戴，他的艺术深受人民的欢迎，当地人民亲切地叫他"瞎子阿炳"。过去，在我国历史上曾出现过许多盲人音乐家，但阿炳是闻名中外的杰出的一位。他有超人的音乐才能，不但音乐技艺高超，吹、拉、弹、唱十八般武艺件件皆能，如二胡、琵琶、三弦、笛、笙、箫、鼓等，他又是一位非凡的民间作曲家，十分可惜的是他离开人间太早，于 1950 年底就去世，以致他的大部分音乐艺术没有留下，这是无可弥补的巨大损失。幸而这一年暑假，在中央音乐学院院长吕骥先生的支持下，杨荫浏教授与曹安和教授去无锡为他录了一次音，才抢救到这十分珍贵的由阿炳亲自演奏的六首曲子，那年他 57 岁。录音的时候，阿炳已经两年没有摸过琴了，因为两年前，他在街上卖艺时淋了一场大雨，二胡皮膜被老鼠咬破，只得临时到无锡乐器店借了一把新二胡，用的是粗号丝弦

（即粗老弦和粗中弦）。他仅仅用了三天时间，做了短暂的恢复就录了音，可见他的功夫之深，才华超人。阿炳会演奏演唱许多曲子，后据杨荫浏教授在1982年估计，约有几百首之多，单是大套乐曲如《苏南吹打》等，就会几十大套，这是十分惊人的。杨荫浏先生、曹安和先生为阿炳录完音以后，阿炳曾说："等我练一个时期琴，会有很多曲子可以录音的……"但十分遗憾的是他在这次录音后四个月就病逝了，他的很多曲子也就从此失传了。阿炳虽然只留下三首二胡曲（《二泉映月》《听松》《寒春风曲》）和三首琵琶曲（《大浪淘沙》《昭君出塞》《龙船》），但其艺术魅力却经久不衰，流传越来越广。这些作品已经成为我国民族音乐中的珍品，其中尤其是《二泉映月》，更是深入人心，驰名中外，可以说它是我国民族音乐中的一颗光彩夺目的宝珠。当我们听阿炳的唱片，可感到他的演奏意境深邃，委婉抒情，既柔美动听，又质朴苍劲。那么，他的演奏为什么能如此生动感人和沁人肺腑呢？这必须从阿炳的身世、生活经历、社会地位和音乐修养来谈起。

首先，阿炳的生活经历是现代演奏家所没有的。他在社会上受到歧视、欺凌和挫折，他饱尝忧患、战争、灾难和失明之苦，所有这些都集中在他身上了。他生于外患频繁、政治腐败的晚清时代，他的一生，正处于中国人民灾难深重、受尽帝国主义和军阀官僚欺凌压迫的年代。加上他生活在社会的最底层，地位低下，双目失明，困苦潦倒，所以在他的琴声中，既有感叹自己生活的悲凉，亦有寄托着对未来美好生活的憧憬和向往。这错综复杂的生活经历和思想感情交织在一起，凝聚在他的琴弦上，贯注在他的乐曲中。阿炳演奏的《二泉映月》，可以说是他的艺术结晶，表现了他饱经风霜、漂泊坎坷的一生，揭示他辛酸悲怆、感伤愤懑的内心情感，展现出他坚毅自信、刚直倔强的气质。这些都是阿炳在演奏上的精髓。阿炳在生活道路上虽然遇到重重困难，但他对生活的态度是积极和顽强的。多年来他在黑暗中奋斗、挣扎，并敢于用音乐向权贵和邪恶势力做抗争，的确有硬骨头精神，这是难能可贵的。

其次，阿炳生活在劳苦大众之中，浸身在民间音乐的海洋里，他广泛而深入地继承传统，有着广博而深厚的民间音乐基础，可以说他是地地道道的在民间音乐里泡大的。确实，他是继承民族民间音乐的典范。他不但精通道教音乐、法事音乐，并对苏南一带的丝竹乐、梵音、十番锣鼓以及戏曲（如锡剧）、民歌、小调等民间音乐都很熟悉，几乎吹、拉、弹、唱样样都行。从阿炳创作并演奏的六首乐曲来看，无论是旋律、曲式和演奏的风格，都是深深扎根于民间音乐。

第三，阿炳的功底非常深，尤其是他的童子功很好。俗话说"严师出高徒"。其父华清和教他音乐时是十分严格的，再加上阿炳聪明过人，记忆力很强，所以能将已经荒疏了两年的二胡、琵琶稍稍练习了三天就录了音，而且艺术上达到那样感人的程度，这就充分说明阿炳的功夫和神韵确实是一般人所难以达到的。

以上三点，从总的认识上都比较一致，但到具体演奏和表现《二泉映月》时，就与阿炳演奏的意境和感情相距甚远。为什么？因为：第一，阿炳有丰富的生活体验和音乐修养（如上所说），生活体验又分直接的和间接的两个方面，当然更可贵的还是直接的生活体验，阿炳朴实感人的艺术魅力就充分说明了这一点。第二，围绕着《二泉映月》这个标题，历来就存在着认识上的差异和分歧。我很同意马可在一篇文章中说的："这个曲子虽然题名《二泉映月》，但它不是以写景为主。阿炳一生如此不平和坎坷的命运，曲中寄托了他自己的生活感受，深切地抒发着内心的感触和顽强自傲的生活意志。我们不要忘了他是一个双目失明的人，凭着失明以前对于故乡山河景色的记忆，用乐器来抒发他对人生中的苦难与欢乐，到处去寻找知音。默默出现，又在刚刚看到新生活时，遗憾地逝去……这也不能不令人产生'曲终人不见，江上数峰青'的感触。"从马可说的这一段诗一般的话来看，他对《二泉映月》和阿炳的认识是很深刻的。据说，阿炳很早就创作出《二泉映月》这首乐曲来了，但在很长时间里没有正式曲名，在无锡当地只叫它"自来曲"或"依心曲"。直到1950年录音时，才与杨荫浏先生商量定名为《二泉映月》。所以实际上它是一首无标题音乐，在演奏时不能单纯地去追求无锡"天下第二泉"这一名胜的美景，这样就丢掉了该曲的灵魂。当然，不能说乐曲与标题一点儿关系也没有。触景生情，本来就是我国诗歌、音乐创作中的传统手法。华彦钧忠实于生活和艺术，热爱乡土和人民，但经历的是坎坷的命运，这是如何的不平，如何的令人感慨！那么在以描写故乡美丽风景为题的乐曲中，寄托自己的生活感受，深切地抒发内心的感触和顽强自傲的生活意志，自然是可以被理解的。

原文为1980年中央人民广播电台二胡广播讲座稿，后稍加修改。

附录二　论二胡艺术的发展与民族音乐传统

◎ 李明正　张　韶

　　艺术的发展离不开纵向继承与横向借鉴这个总的艺术发展规律。没有继承就会失掉传统；没有借鉴，就谈不上发展。如果否定继承，脱离传统，便没有历史的延续，而成为无源之水。

　　然而，关于艺术继承与发展的争论，或者说，对继承传统的否定，却是由来已久的。往往一提传统，就具有某种消极的色彩，而成为另一个概念——革新的对立面，把传统视为保守的同义词。在二胡的艺术论坛中，更不例外，似乎发展与传统无缘，谁谈传统就被视为阻碍发展的保守势力。那么，就唯有借鉴，二胡作为拉弦乐器，只好在西方小提琴的演奏技法中，寻求发展的道路。岂不知，二胡与小提琴涉及中国单音性与西方复音性两大音乐体制，其思维方式存在着明显的差异，如处理不好两者的关系，就会比重失调，畸形发展。

　　当然，我们并不否定借鉴西洋的先进技法，当年刘天华先生改革二胡，把二胡由俗到雅、从民间到大学课堂，使其成为独奏艺术，就借鉴了西洋音乐的作曲理论和小提琴的演奏技法，但其重要的前提，则是在继承深厚的民族音乐的传统和民间音乐文化基础之上的借鉴。刘天华作为"五四"时期具有先进民主思想的知识分子，是在反对"国粹主义"和"全盘西化"的过程中，基于"使二胡臻上品，教外人知国乐""让国乐与世界音乐并驾齐驱"的音乐思想指导下，在顺应历史思潮和社会音乐文化，遵循继承与借鉴艺术发展的规律中取得了卓越的成就。因此，继承与发展是个既矛盾又统一的艺术辩证关系，如果只谈借鉴，不谈继承，就违背了刘天华先生的音乐主张和美学思想。

值得说明的是，很多专业二胡音乐工作者生活在国外，必然受到异国他乡文化的影响，其创作和演奏具有异国音乐的风格，在西方音乐思潮的影响下，产生了无调性的音乐作品，这都是无可非议的。因为任何艺术形式，都会出现流派纷呈的艺术现象，我们的艺术方针也一直是"百花齐放、百家争鸣"，但只能成为流派却不是发展的方向。如要建立二胡艺术的理论体系，尤其在当前的教育改革大潮中，由"应试教育"向"素质教育"转轨的形势下，二胡的音乐教学应向学生提供什么样的音乐素质教育，是只把成套的视唱练耳教程和西方音乐理论作为唯一的音乐素质教育，还是以中华民族浩如烟海的音乐传统为基础，来提高学生的音乐素质，这是二胡艺术发展走向的关键问题。

半个世纪以来，对《二泉映月》的音调来源、作曲方法、演奏风格等问题，一直无定论，甚至，在是否为标题音乐上都争论不休。更使我困惑不解的是，很多专业音乐院校的学生，在拉《二泉映月》时，还不知道高潮处的特殊弓法是来自戏曲拉弦乐器的小抖弓，岂非咄咄怪事。这不能怪学生，可见我们的一些青年教师，对民族音乐传统的认识贫乏到何种程度。

为此，我非常赞赏这次二胡学术研讨会的召开，它将为二胡艺术的发展产生深远的影响，并想借此机会呼吁二胡学会，尽快建立一支二胡艺术研究的理论队伍，改变现在这种理论落后于实践的现象，理论研究应成为二胡演奏艺术发展的导向。以下从三个方面，谈些拙见。

一、传统并不是一成不变的，而是强化艺术发展过程的一个重要基础。

传统，是各历史时期对过去文化储备进行的重新选择，它包括过去文化构成因素中的某些东西，并被纳入到充满活力的当代中来，在融入一种新的文化结构中，得到改造。传统不是代代相传的一切遗产，而是在这个遗产范围中的选择过程的结果。

音乐中的传统，是在社会的不同历史发展阶段中以不同的方式发挥其功能，能同外来音乐传统相交织，能在较长的文化稳定时期中以持续的方式成长，并在本民族的框架内对自己进行改造和扩展。因此，"传统"是富于动力性的，经常发生变革的东西，能赋予艺术以自己的民族特性。

中华民族的音乐浩如烟海，有的专家把中国音乐分为：中国音乐、欧洲音乐、波斯－阿拉伯音乐三大音乐体系，又把中国音乐体系，按地域分为九个支脉。实际上，中国的传统音乐是在民族融汇和中外文化交流中动态发展的。

西周初期，周穆王就开始了对外音乐文化交流，张骞出使西域之后，外国音乐大规模传入中国，吴光灭龟兹之后，佛教音乐进入中国宫廷，形成了儒、释、道三种音乐文化融汇发展的局面。

传统不是静止的，中国的传统音乐是在各民族音乐文化融汇和中外文化交流中动态发展的。琵琶，就曾是一种外来乐器；二胡，也不是汉民族所固有。千百年来，二胡作为伴奏乐器，长期在戏曲与说唱音乐中缓慢发展。中国古典文学艺术的发展，由于受封建等级观念的制约，各门类都有个由俗到雅、由民间到文人的发展规律。

以诗歌为例，《诗经》是我国最早的诗歌总集，是周朝为考察民情、民俗由民间收集而成。《诗经》的基本形成是四言诗，由于文人的雅化，四言诗发展很快，但也逐渐走向僵化。到了东汉，五言体诗歌从民谣和乐府民歌中产生和发展起来，逐渐替代了四言诗的统治地位。文人中首先运用五言体的是班固，他在《汉书》中开了五言体写叙事诗的先例。因此，汉代的诗歌是在《诗经》《楚辞》和秦汉民歌的基础上发展起来的，经历了从民间歌谣到文人创作、从乐府歌辞到古诗、从骚体到七言诗的发展过程，体现了由"俗"到"雅"、由民间到文人的衍变规律。

在我国戏曲史上，雅乐与俗乐之间的竞争和相互吸收，一直是推动戏曲音乐发展的重要因素。发生在清代中叶的著名的"花雅之争"，是沿袭历来统治者分乐舞为雅、俗的旧例，把昆曲奉之为雅乐正声设为雅部，"花部京腔、秦腔、弋阳腔、罗罗腔、二簧调，统谓之乱弹"，它们之间的融汇、争胜，最后，以京剧取代昆曲的舞台地位而告终。

二胡作为戏曲与说唱音乐中的伴奏乐器，在特定封闭的历史条件下，一直以民间俗乐的形式，口传心授、世代相传，缓慢而自然地发展演变。直到"五四新文化运动"时期，刘天华先生顺应了民族音乐的发展规律，走了一条中西音乐融合的道路，才使二胡由"俗"到"雅"、从伴奏走向独奏艺术的发展道路。

二、中华民族的音乐传统蕴含于戏曲、说唱音乐等民间音乐之中。

刘天华先生曾写道："论及胡琴这乐器，从前国乐盛行时代，以其为胡乐，都鄙视之……然而，环顾国内，皮簧、梆子、高腔、滩簧、粤调、川调、汉调以及各地小曲、丝竹合奏、僧道法曲等等，哪一种离得了它？它在国乐史上可与琴、琵琶、三弦、笛子的位置相等"。因此，他在国乐"奄奄一息"，被人轻视为"不足登大雅之堂"的情况下，以超人的毅力，广泛深入地学习了中国民间音乐。他拜著名民间艺人周少梅学习二胡、琵琶；从师崇明派琵琶演奏家沈肇洲学习琵琶；在江阴学佛曲、赴河南学古琴；尤其是在北京学习了京剧、昆曲，这标志着板式变化体和曲牌联套体两大音乐体制，发展成熟的代表性剧种后，为他改进国乐，奠定了坚实的民族音乐基础。

刘天华先生在《我对本社的计划》中，提出要设立研究部，指出："皮簧，现在通行全国，而至今尚无一部可靠之谱。对此问题，我们想召集国内喜欢研究皮簧而已有程度的同志，集合一处，再请皮簧导师多位，组织研究部去解决它"。这里的"皮簧"即指京剧而言。他在1930年，为梅兰芳赴美国演出时的唱腔记谱，名为《梅兰芳歌曲谱》，他是用五线谱记录京剧唱腔的第一人。

京剧音乐博大精深，它是中国古典戏曲声腔剧种，长期发展融汇的总结性形态。虽然京剧形成于封建社会末期——清代，仅有二百多年的历史，但它是自诸宫调、南北曲、明代四大声腔等发展、衍变的集大成者。京剧是个多声腔的综合体，它不仅属于皮黄系统，还吸收了昆曲、梆子腔、徽调、弦索等腔调，体现了花部、乱弹的民间风格和自然混合的结构特征。

刘天华先生把"国剧"与"国乐"联系起来，说明他对民族音乐传统有着深入地了解，对二胡艺术的发展有宏伟和成熟的设想，但他英年早逝，留下了多少遗憾和未竟之业，等待我们去实现他的遗愿。而我们的国乐工作者，却只知西乐、不知国剧，以为拉好刘天华十大名曲和《二泉映月》，就是继承了民族音乐传统。殊不知，这仅仅是他们创作的一部分，换句话说，没有深厚的音乐传统，又如何能拉好这些传世之作，真是令人担忧。

三、二胡艺术的发展应遵循"移步而不换形"的艺术发展规律。

著名音乐理论家黄翔鹏先生曾引用京剧表演艺术大师梅兰芳"移步而不换形"的艺术总结，来说明民族音乐改革发展的艺术规律。"移步而不换形"是梅兰芳几十年艺术实践经验的总结，也是他对于京剧改革的基本观点。他认为，"京剧是一种古典艺术，有它千百年的传统，因此我们修改起来也就更得慎重，改得要天衣无缝，让大家看不出一点痕迹来……俗话说'移步换形'，今天的戏剧改革工作都要做到'移步'而不'换形'"。当时，在"左倾"路线和形而上学的思想支配下，他的观点一度受到"围攻"，认为这是阻碍改革的保守看法。实际上，梅兰芳的一生是改革的一生，他是对京剧进行全面改革的先驱，他一生的艺术实践和取得的成就，足以说明他的观点是符合京剧艺术的发展规律的。

有的专家把"移步而不换形"比喻成扭秧歌一样，走两步退一步，来看看观众的反映，这从接受美学的角度看，是一种科学的态度。我们二胡艺术的发展也已经到了要停一步研究观众心理的时候了，戏是给观众看的，没有观众，戏就无法演下去，二胡也是为听众服务的，没有听众，就失掉它存在的价值。听众欣赏音乐，既不是一般生理上的快感活动，也不是纯粹的理论思维，它是以感觉为基础，并伴以炽烈的情感体验，随音乐的形象的引导而发生的。欣赏者在接受艺术信息的同时，也不断产生信息，这是审美创造活动的延续。因此，欣赏者的反馈对音乐艺术的发展和命运具有深远的意义，从这个意义上讲，欣赏者的审美能力、审美格局及社会因素制约着整个审美活动。事实上，听众的审美需求、审美能力和理想是二胡艺术兴衰的关键所在。

二胡的发展离不开听众，更离不开传统，因为音乐作品和听众心理总是以相当稳定的倾向互相对应着，也就是说，听众的审美心理倾向是一种主体化的心理定式，而音乐作品中体现的各种心理倾向，则是一种客观化的心理定式。听众的心理定式由纵、横二向交织而成，纵向为历史传承，横向为社会关系。历史和社会都带有规律性，作为历史积淀和社会关系总和的产物，心理定式也体现为一种有规律的组合，即体现为社会群体性。

听众心理定式中较常见的民族性、地域性，是社会群体性心理定式的重要组成部分。民族性和地域性体现着特定空间范围内的审美心理倾向，又体现着审美心理的一种时间性的历史传统。

中国现代学者傅雷认为："东方人要理解西方人及其文化和西方人理解东方人及其文化同样不容易。即使理解了，实际生活中也未必真能接受。"我国近代自西学东渐以来，音乐领域受到极大的影响和冲击，从宽阔的视野中既认识了民族音乐的审美特征，也了解到民族音乐的历史局限。刘天华在《国乐改进社缘起》中，就指出："我国音乐在历史上虽然有数千年可贵的事实，但因历经灾乱的破坏，贵族的蹂躏加之以人才的缺乏，门户的隔阂，早已弄得零零碎碎，不成样"。因此，他提出："必须一方面采取本国固有的精粹，一方面容纳外来的潮流，从东西的调和与合作之中，打出一条新路来。"他顺应了中国听众传统的审美心理定式，取得了巨大的成就。

事实证明，心理定式是可以，而且应该随着时代的发展不断改易的，但又不能随便而草率地改易。民族的心理定式具有很大的稳固性，即便改革，也不能无视它原有的基石。"移步而不换形"，就是在遵循观众心理定式前提下，对艺术改革的科学总结，它不仅适用于戏曲界，也适用于二胡艺术的发展和革新。二胡艺术的发展无

162

视民族音乐传统，就会导致"移步换形"，可能把二胡变成"二弦小提琴"，我们就不可能"与世界音乐并驾齐驱"，而只能是紧步其后尘！

原文发表于《二胡研究》第 1 期，1999 年 12 月

李明正　中国艺术研究院研究员，国家一级编剧。